AMOR
PROSPERIDAD
RESTAURACION

AMEN
Te conecta al cielo

Julio Balbino

Libro: AMEN Te conecta al Cielo
Autor: Julio Balbino
1º Edición 2019.
ISBN: 9780463820551
Ciudad de Córdoba – Argentina.

1. Relato, Reflexión, Historia.
Publicado en Diciembre, 2019.

Prohibida su reproducción total o parcial por cualquier medio, sin permiso escrito del autor y la editorial.
Hecho el depósito que marca la Ley 11.723.

Libro de edición argentina.

CONTENIDO

Agradecimientos	Pág. 4
Introducción	Pág. 5
Tú Presencia	Pág. 7
El Pecado	Pág. 11
Nuevo Comienzo	Pág. 15
Oración	Pág. 23
Adoración a Dios	Pág. 29
La Familia Espiritual	Pág. 35
Bendiciones	Pág. 39
El Menosprecio	Pág. 43
Murmuración	Pág. 47
Envidia	Pág. 49
Brujería	Pág. 53
El Perdón	Pág. 57
Protección	Pág. 61
Mensajes a Dios	Pág. 63
Historias de Vidas	Pág. 65
El Ayuno	Pág. 83
Depresión	Pág. 87
Linaje	Pág. 89
Idolatría	Pág. 93
Adicciones	Pág. 97
Matrimonio	Pág. 99
El Llamado	Pág. 101
Soporte Emocional	Pág. 104
Próximamente	Pág. 106

AGRADECIMIENTOS

La mayor parte de este libro, fue dictado a través del Espíritu Santo junto a su sabiduría trasmitida, para desarrollar este hermoso regalo que será instrumento para ayudar a muchos en situaciones de tristeza, depresión, ansiedad, y que quieren acercarse a Dios a través de la oración, adoración y Su Palabra.

Agradezco a mis colaboradores, a la Editorial ZP, y todas las personas que participaron y pusieron su granito de arena para la creación de este libro, para asistir emocionalmente a muchísimas personas alrededor del mundo, trasmitiendo las bendiciones de Dios.

Este libro va dedicado a Jesucristo, quien me transformó desde el corazón, haciendo cosas imposibles y cambiándome rotundamente en todas las áreas de mi vida. Dándome oportunidades durante el transcurso de la misma, y aunque no lo sabía, Él siempre estuvo y estará apoyándome, protegiéndome, guiándome y tratando de que escoja lo mejor.

Casi todas esas veces, no lo escuché y, además de eso, fui y soy pecador como cualquier otra persona. Pero, Él me perdonó, me incentivó y me reveló mi propósito en la vida, que hará cambios en el mundo en el que vivimos, detalles que comentaré en mi próximo libro.

Una revelación que traerá justicia para muchas personas – incluyéndome- y que dará oportunidades a muchas otras de ser perdonadas y juzgadas en la Tierra. Recibiendo así el perdón, una nueva oportunidad para los que actualmente no llevan una felicidad certera.

INTRODUCCION

Bendiciones para cada uno de los lectores que llegaron a este libro, donde conseguirás las claves para conseguirlo todo, sin acudir a otro ser que no sea Dios. Él es el que nos puede proveer de todo lo que necesitemos; nuestro Padre Celestial nos completa en todo, de la forma más perfecta que existe. De Él viene la creación, tenemos un Dios Todopoderoso, abundante en todos los aspectos, una vida sin Él, no será exitosa jamás, porque Dios es el complemento para llegar a ser prósperos, sanos y exitosos. Lo más importante, es llegar a tener una relación y comunión que se afiance a diario, manifestándose la presencia de Dios en tu corazón, el lugar donde el Señor habita, en tu interior.

Descubrirás que la transformación es posible; el Señor, es el Dios de lo imposible, si estás con Él, nadie contra ti.

Vuélvete confidente en tu relación con Dios y triunfarás, sanarás a través de la Fe. La restauración que hará en ti, y el amor será el eje en tu vida, irradiando luz al mundo y trasmitiendo ese nuevo ser amoroso en el que te convertirás.

Sigue adelante ante toda adversidad, no estás sólo, estás con el Maestro, Señor de Señores, Rey de Reyes. Bienvenido al enriquecimiento de mi experiencia y de la de otros hermanos y colaboradores que te ayudarán a atravesar esa situación que te perturba y no te deja seguir, te vamos a dar ese empujón que necesitas para lograrlo, acompañando cada crónica con La Palabra de Dios, nuestra guía hoy y siempre.

**EL QUE CREE
TIENE VIDA ETERNA**

Juan 6:47

TU PRESENCIA

¿Cómo conocer a Dios?

La forma que descubras o llegue a ti, será perfecta y única, porque en cada persona es diferente, pero todos los caminos te llevan correctamente a nuestro Padre. La mejor manera para empezar a percibir Su Presencia es entregarse por completo, confiar sumamente y fielmente en Su Palabra, que es la perfección absoluta. Todo esto lo haremos por medio de la oración y adoración a Dios. Esto tiene que quedar bien claro, a través de la oración (hablar con Dios) es la forma de comunicarnos con Nuestro Padre (diálogo). Y la adoración, de agradecerle todo lo que hace por nosotros. Las dos van juntas, de la mano, ya que la oración también es una forma de adorarlo.

Dios, empezará a hablarte a través de otras personas, pensamientos, sueños, de una manera muy sutil que te dará la certeza que son señales sabias y guiadas para tu propósito en la vida. Comprenderás muchas cosas, entre ellas, algunas que ni se te hubieran ocurrido.

"Clama a mí, y yo te responderé, y te enseñaré cosas grandes y ocultas que tú no conoces". **Jeremías 33:3**

La gran promesa bíblica: "Clama a mí" (súplica). Es pedir ayuda, aliento, gritar, insistir sin desistir hasta que Dios responda y enseñe cosas grandes; virtudes y otras que son ocultas que ni imaginas conocer. Una promesa viviente, que continúa hasta hoy.

Clamar con el corazón, es la clave sobre lo que te pueda estar perturbando, por tus necesidades, por tu familia. Con mucha Fe, clama, y Él responderá.

No debes cortar la relación con Dios, aun cuando todo esté bien, el compromiso Supremo debe continuar de por vida, porque Dios no es solo para emergencias, sino para todas las áreas y momentos de nuestras vidas, dando lugar al primer mandamiento y el más importante de todos:

Amarás al Señor tu Dios, con todo tú corazón, con toda tu alma y con toda tu mente, sobre todas las cosas". **Mateo 22:38.**

Amarlo, es seguirlo, reconocerlo como Creador de todo y Salvador, poniéndolo siempre en primer lugar, dedicándole nuestra vida por completo, nuestras actividades, proyectos, anhelos, deseos, depositándolo todo en sus manos; nuestros problemas y necesidades también, no sacarlo de nuestros pensamientos diarios. Él debe de abarcar la mayoría de ellos, dándole el paso al éxito en la vida, porque estarás con la mejor compañía que un ser humano pueda tener, un Dios original, que muestra cuidado y amor en formas inigualables y diferentes para cada persona.

Ciertamente he dado mi corazón a todas estas cosas, para declarar todo esto: que los justos y los sabios, y sus obras, están en la mano de Dios, que sea amor o que sea odio, no lo saben los hombres, todo está delante de ellos".
Eclesiastés 9:1

La mano de Dios es perfecta, y es lo que te llevará a logros en tu día a día. Dios, está detrás de todo lo que existe. Es el diseñador de todos y de todo, pero lo que más le importa es transformarnos a su imagen, siendo parte de nosotros mismos, deseando levantar nuestras vidas a lo más alto, con prosperidad y abundancia.

No tenemos un Dios de escasez, sino un Dios pleno. No escatima en nada, la respuesta es seguirlo por el resto de nuestras vidas.

Y verás que Dios te acepta tal cual eres, eso que hoy en día es necesario en la humanidad, aceptarnos tal como somos.

Al principio de este trayecto, todo es nuevo y, empezarás a buscar recursos para entenderlo en todos lados, y cada vez más y más, vas a adquirir el mayor y mejor conocimiento que solo el Espíritu Santo a través de La Biblia y la oración puede ofrecerte. Dando pie así, a tu relación y comunión con el Señor.

Nuestra relación personal con Dios, comienza cuando nos arrepentimos y creemos en Él, nos arrodillamos a Sus pies, a Su voluntad en nuestra vida y ser.

Cambiando nuestro enfoque mundano a lo espiritual. Al creer, estamos aceptando a Jesús como Hijo de Dios y recibiéndolo como único salvador de la humanidad.

AMEN te conecta al cielo

El PECADO

El pecado, entró en la humanidad a través de Adán cuando junto a Eva fueron tentados y desobedecieron el mandamiento que Dios les había especificado que cumplieran.

Ellos, escogieron su propio camino, dando origen así al pecado.

Dios, nos dio el remedio prediciendo la venida de su Hijo Jesús, que sanaría y salvaría del pecado mortal a la humanidad, ya que Adán, estaba interrumpiendo la relación que el hombre tenía con Dios. Es la que hoy tratamos de recuperar y construir en nuestras vidas diarias.

La relación y comunión con Dios es muy importante, y debe continuar una vez que comenzamos.

Jesús vino, pero a la vez fue traicionado, azotado y clavado en la cruz del Calvario, donde cada gota de Su sangre derramada fue por el perdón para cada uno de nuestros pecados.

Dios, nos da la posibilidad de ser perdonados, confesando nuestras faltas a través de la oración y arrepintiéndonos.

Una buena relación con Dios, se basa en reconocer el pecado cuando sucede, e inmediatamente pedir perdón. El perdón será concebido si es sincero de corazón.

Hay que tenerlo presente en nuestras oraciones diarias, y agradecerle a Dios por el perdón, una vez más el Señor demuestra el gran amor que tiene por nosotros.

"Pues todos han pecado y están privados de la gloria de Dios, pero por Su Gracia, son justificados gratuitamente mediante la redención que Cristo Jesús efectuó".
Romanos 3:23-24.

"Si confesamos nuestros pecados, Dios, que es fiel y justo, los perdonará y nos limpiará de toda maldad". **Juan 1:9.**

"Sobre todo, ámense los unos a los otros profundamente, porque el amor cubre multitud de pecados". **Pedro 4:8**

AMEN te conecta al cielo

UN NUEVO COMIENZO
AYUDAR AL PRÓJIMO

Dios, me bendice a través de las personas que ayudo a mi camino, es increíble al recibir de ellos un: *"Dios te bendiga"*, y sentir recompensa y felicidad a través de estos seres humanos con la presencia de Dios, que, con sus palabras, divinamente dichas, son como Dios hablándote; esa es una forma de manifestarse, en el momento y forma perfectos.

Es un sueño que solo se puede vivir entre Él y yo, que me provoca compartirlo con ustedes para que lo puedan disfrutar a su manera y con experiencias propias y nuevas.

El mejor lugar donde puedes empezar, es mirando a tu alrededor, siempre habrá alguien que necesite una mano y ayuda; empezarás a experimentar la mano de Dios siendo tú mismo el instrumento de bendición que llegue al necesitado. No solo con dinero o limosna, hay muchas maneras de ayudar al prójimo. Lo que esté a tu alcance será lo ideal y justo para cada ocasión, y hacerlo en nombre de Dios, más aún.

De esta forma, llevamos Su bendición representándolo solamente a Él. La ayuda siempre es de Su parte, poniéndolo en primer lugar, tomando un préstamo para Dios.

¡Oh sí! ¡Qué privilegio! Imagínate la recompensa cuando es con un corazón sincero y verdadero, tenemos a un Dios infinito en abundancia y es Él quien nos proveerá de ahora en más.

Personas en situación de calle, discapacitados, con necesidades extremas y, otros simplemente necesitan ser escuchados. Por eso, es que Dios te llevará con precisión donde tu presencia sea de ayuda a otros, llevando la luz al mundo, como hijos de luz que somos al estar en comunión con el Señor.

"Ama a tu prójimo como a ti mismo".
Mateo: 22:39

Para amar, debemos amarnos primero a nosotros mismos, y de igual manera a nuestro prójimo, nunca menos que a ti.

Cuando ayudamos a los demás, estamos ayudándonos a nosotros mismos. Mejorando nuestra autoestima, contribuyendo al bien de otros. Todo esto radica en la intención y la disposición que uno tenga ante la vida. Fortaleciendo nuestro carácter para sentirnos seguros, mejorando la calidad de vida de las personas ayudadas y la nuestra; saliendo ambas beneficiadas. Creando un efecto multiplicador, enriqueciéndonos aún más. Todo lo que se haga por el prójimo, debe ser realmente sincero y sin esperar nada a cambio.

La actitud positiva de cariño, contagia energías de cambio y esperanza. De esta manera, estamos sirviendo a Dios, desarrollando más sensibilidad, bondad y conocimiento; abiertos a las enseñanzas que Él nos hace llegar a través de estas circunstancias. Subiendo de nivel, creciendo espiritualmente, que es lo que realmente nos queda a nosotros para siempre. ***Dar, es mejor que recibir***, convirtiéndote más rico emocionalmente y siendo una persona alegre y feliz, produciendo sanidad para tu ser y tu cuerpo, sintiéndote pleno y completo, teniendo la certeza de que estás en buen camino, alejando la maldad que acecha a diario en el mundo desigual en el que vivimos.

Un nuevo comienzo y cambio, empieza desde uno mismo, llevando la luz a otros, brillando tú, sin necesidad de apagar la luz de los demás. Hagamos que nuestro mundo sea iluminado con la ayuda de Dios, manifestando Su Palabra a través de nuestros actos, y así seamos premiados por la divinidad Suprema.

"Más bien, sean bondadosos y compasivos unos con otros, y perdónense mutuamente, así como Dios los perdonó a ustedes en Cristo".
Efesios 4:32.

"Por lo tanto, siempre que tengamos la oportunidad hagamos bien a todos, y en especial a los de la familia de la fe".
Gálatas 6:10.

"No te dejes vencer por el mal, al contrario, vence el mal con el bien".
Romanos 12:21.

"El amor debe ser sincero. Aborrezcan el mal, aférrense al bien".
Romanos 12:9.

"El Señor es justo en todos sus caminos y bondadoso en todas sus obras".
Salmos 145:17.

"Ni se enciende una lámpara para cubrirla con un cajón. Por el contrario, se pone en la repisa para que alumbre a todos los que están en la casa. Hagan brillar su luz delante de todos, para que ellos puedan ver las buenas obras de ustedes y alaben al Padre que está en el cielo". **Mateo 5:15-16.**

"Confía en el Señor y haz el bien, establécete en la tierra y mantente fiel".
Salmos 37:3.

Estos versículos, son el resumen de lo hablado anteriormente, y certificados por la Palabra de Dios, trasmitiendo más seguridad aún en todo lo que emprendamos para ayudar a nuestro prójimo. Sintiendo a Dios en nuestro interior, que nos acompañará eternamente, un privilegio y garantía que parte únicamente de la relación espiritual con Nuestro Padre Todopoderoso.

Es la mejor bendición celestial que se pueda tener, haciéndote la vida más fácil, teniendo más sed de lo bueno cada vez, afianzando aún tu acercamiento y compromiso con Dios, haciéndolo un hábito, una forma de vida sana en todos los aspectos. El Espíritu Santo, es el que te guiará desde ahora, y siempre será a lo mejor, definitivamente.

Tenemos que estar atentos, en nuestro camino habrá personas que nos celen, envidien o simplemente caigamos mal por ayudar a otros, y encima nos juzguen por eso.

Recuerda algo:

*"No juzguéis por la apariencia,
sino juzgad con juicio justo".*
Juan 7:24.

"No juzguéis y no seréis juzgados, no condenéis, y no seréis condenados, perdonad, y seréis perdonados. Dad, y os será dado, medida buena, apretada, remecida y rebosante, vaciarán en nuestro regazo. Porque con la medida con que midáis, se os volverá a medir. Les dijo también una parábola: ¿acaso puede un ciego guiar a otro ciego? ¿no caerán ambos en el hoyo? Un discípulo no está por encima de su maestro, más todo discípulo, después de que se ha preparado bien, será como su maestro.
Lucas 6:37-42.

Estar con Dios, siempre es la sensación que experimentarás de ahora en más, dándote más seguridad. Es algo que vivirás tu mismo, ya que es muy difícil describirlo.

Para que esto permanezca, debes trabajar a diario en ello. Mi deseo, es que todos puedan estar en Sus planes, llegando a Él con cada detalle que describo, para que les sea más fácil y tengan la mejor guía: "LA PALABRA DE DIOS", que acercamos a través de los versículos, para que también puedas comprenderla al lenguaje de hoy.

Dios, nos hace "EL LLAMADO" a todos, varias veces durante nuestras vidas, comunicándose por La Biblia, personas, libros, y toda señal que nos pueda llamar la atención. Pero, casi siempre estamos poniendo nuestra atención en otras cosas, y eso justamente es ausencia de Dios; y es ahí cuando Dios necesita otras formas y maneras para que despertemos espiritualmente.

A veces, llegan desgracias, enfermedades, conflictos y problemas de todo tipo; de esta forma, nos vemos obligados a recurrir a Dios.

Que quede claro, la desgracia no viene de Dios, justamente la falta del Espíritu de Dios, atrae todas estas circunstancias, en ocasiones, le echamos la culpa a Dios por ellas.

¡Qué contradicción! Porque Dios representa lo bueno, es Santo y sumamente amoroso.

El mal no viene de Dios, sino del hombre mismo, y es muy fácil de comprobarlo, ya que a medida que nos vamos acercando a Él, los conflictos y situaciones cambian rotundamente y mejoran o se solucionan definitivamente. Pero, esto sucede con un corazón sincero, y no para quien acude a Dios por sus problemas, buscando un beneficio egoísta.

La mejor manera, es acercarse cuando todo esta bien, es lo ideal, demostrando sinceridad en nuestro ser, trascendiendo lo terrenal a lo espiritual, comenzando así con la relación con Dios anteriormente dicha.

A los problemas, los empezarás a tomar como aprendizaje, porque eso es lo que son, te encaminarás por lo bueno, logrando tus metas y moldeándote para ser una mejor persona, con un mayor crecimiento espiritual.

Seremos siervos y voluntarios de Dios, para llegar a lugares donde las necesidades abundan, teniendo los elementos que necesitemos para cada acontecimiento.
Acercándonos y conociendo nuevas personas igual a nosotros, emprendiendo un camino noble y en común con los mismos objetivos e ideales; haciendo nuestro entorno placentero, sin temor a que nada malo pase en nuestro recorrido.

Es la confianza y sentimiento que nos llega del terreno espiritual: seguridad. Eso que hoy en día muchas personas piden y buscan. Solo Dios completa las áreas vacías de tu vida.

ORACION

No dejemos de tener nuestro momento con Dios a diario. Eso es la oración, el diálogo con Nuestro Padre, nuestra guía que nos llena de sabiduría a través del Espíritu Santo.

Todo esto se hace por medio de la oración y adoración, de manera honesta y sincera ante Dios. Porque así le agrada al Padre.

Recuerda que, al aceptar a Jesús en tu vida, esto es una obligación, somos sus ciervos, no lo olvides. Nosotros también tenemos que responder y no siempre pedir, comencemos agradeciendo por todo lo que tenemos, lo que es, y todo lo que será.

CLAVES PARA ORAR:

La oración nos acerca a Dios. Tiene que ser sincera desde el corazón y no por costumbre o superficial. La mayoría de las personas oran cuando algo grave pasa.

Orar verdaderamente a Dios, es otra cosa. Empezaremos a conocernos a nosotros mismos a través de ella, y aún más a nuestro Dios.

Orar, significa hablar con Dios, y de la manera que tu lo hagas, será perfecta para ti.

Voy a ayudarte para que te enfoques en la oración de la mejor manera, para que te sea más fácil y comprensible.

Cuando empiezas con una oración real y verdadera, las palabras salen del corazón, comprendiendo Su Voluntad. Sentir que Dios lo es todo, tanto que te completa y nada más importa.

Luego de la oración, sentirás paz y amor. Será de forma ascendente cada día. Cuando lo amas genuinamente, verás que la oración es efectiva, porque encontrarás en ella las respuestas que necesitas, y la solución a tus problemas a puerta abierta en tu vivir diario.

Antes de pedir, debemos agradecer por todo lo que Dios nos ha dado, protegido y amado. Bendecirlo a Él mismo, y a Su Hijo Jesús, aceptándolo, como nuestro Salvador, ya que a través de él llegamos a Dios.

La oración, debe de ser una necesidad y no una obligación. Sino, no te va a servir para nada. Para que saques beneficio, debes orar con gusto, anhelo sincero, y desinteresadamente, como un hijo al padre, como debe de ser. Depositando, confiando nuestros proyectos, deseos, dificultades, problemas, toda cosa que nos perturbe, todo absolutamente en sus manos y a su voluntad; esa es la mejor entrega que podemos hacer.

Debes ser paciente, los tiempos de Dios no son los mismos que los nuestros, y no es que Dios llega tarde con las respuestas, sino que viene en el momento y formas perfectas.

Esto es clave entenderlo, porque es un proceso en el cual Dios también te pone a prueba a través de la fe, confiando en que ya está obrando por ti. Sino lo haces, nunca tendrás respuestas. La fe se construye a diario, y esta es una de las maneras de hacerlo y controlar nuestra ansiedad, pensando que la solución o lo que deseamos ya esta consumado.

Eso si, Su Voluntad no siempre corresponde a la nuestra, pero siempre será lo que nos conviene para nuestro propósito en la vida; solo Dios sabe que es bueno y que es malo, y es el único que puede juzgar. Si habiendo orado te sientes complacido, entonces Dios ha aceptado tus oraciones y eso es maravilloso.

GUIA Y AYUDA

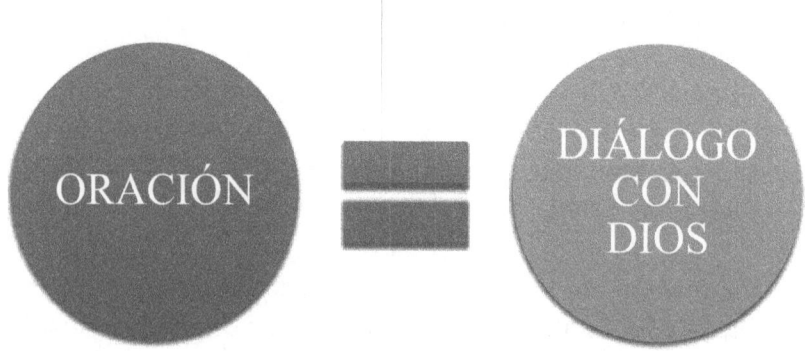

❖ *Bendecir a Dios mismo, su Hijo, el Cielo y la Tierra.*
❖ *Agradecer todo lo que tenemos, desde lo más mínimo.*

- *Bendecir a todo, y a todos mentalmente.*
- *Pedir perdón por nuestros pecados.*
- *Depositar nuestros anhelos y problemas en manos de Dios.*
- *Rezar un Padre Nuestro.*

Estos son pasos básicos que los puedes complementar con lo que tu corazón dicte en el momento de la oración. Esto es muy personal, debes orar en un lugar tranquilo y, aconsejo que estés solo, en secreto, lo más íntimo posible, un hábito diario, como una actividad más en tu vida, la diferencia; será lo más importante que hagas en tu día.

Puedes hacerlo por la mañana, y estarías poniendo a Dios en primer lugar desde el comienzo del día, si es lo primero que realizas al levantarte.

Igualmente, puedes orar varias veces al día si así lo deseas. La paz, tranquilidad, felicidad, sanidad y prosperidad estarán llegando de parte de Dios de ahora en más, completando todo tu ser, sintiéndote libre por primera vez en tu vida.

Antes, quizás no sabías que la oración era algo que debemos practicar a diario, pero ya lo sabes, para empezar desde ahora por el resto de tu vida. Debes anhelar que Nuestro Padre Celestial te muestre el camino correcto, usando tu corazón, demostrándole que lo amas y que es importante realmente para ti.

A la oración, la puedes acompañar con alabanzas, la música de, y para Dios, es una ofrenda y agradecimiento que, si van juntas, son más placenteras y poderosas. Oración y alabanzas a diario, es una ofrenda perfecta para Dios.

Si no tienes aún suficientes fuerzas para sentir amor por Nuestro Padre, esto te ayudará hasta que lo ames con locura. Dios te lo recompensará, no solo en la Tierra, sino en el Cielo.

Orar, no es seguir un proceso a rígido, sino la forma de llegar a Dios a través de tu corazón. Esto es solo una orientación para darte el empujón, para que lo concretes, y luego lo vayas amoldando a tu manera. Será la forma más perfecta, porque vendrá desde tu interior, donde Dios nos habla y donde está en todo momento Su Presencia.

El Señor está más cerca de lo que pensamos, y lo estará siempre.

La oración, es una invocación a Dios, y por medio del Espíritu Santo, nos conecta y transforma. La oración, debe de estar presente en nuestras vidas si queremos alcanzar una vida espiritual madura. No hay relación con Dios sin oración. Cuando más ores, más te tocará Dios, y te moldeará para crecer en todas las áreas de tu vida.

Aprenderás a orar por los demás, la oración de un familiar, por ejemplo, de una madre o padre a un hijo, son muy poderosas. Estás creando una importancia por el prójimo, y eso Dios lo valora, porque es despojarse del egoísmo y pensar en los demás y en sus problemas, o en sus virtudes, pidiendo al Señor las haga prosperar en todo.

Una de las claves para pedir por una persona que no es creyente, es pedirle a Dios que por medio del Espíritu Santo transforme el corazón de la misma, acercándolo y orientándolo a la oración que estamos realizando, y solicitando, dando por hecho que Dios obrará en el problema o circunstancia que estuviera atravesando.

Lograremos, además, cambios sorprendentes en otros a través de la oración; es una herramienta fundamental y de fe que Dios nos ha regalado para que estemos en contacto continuo y seamos acompañados por el poder divino.

Ten en cuenta que, aunque Dios sabe todo de ti y lo que estés atravesando; está esperando que se lo cuentes todo, sin secretos, esa es una entrega genuina. Cuánto más sincera sea tu entrega, mejor responderá el Señor a lo que necesitas y a tu favor. Será una correspondencia perfecta de acuerdo a tus propios sentimientos, dando un efecto purificador en tu corazón, obedeciendo las leyes de Dios, transformando tu carácter como persona, volviendo a nacer como un ser totalmente renovado.

Orar, de verdad es tener muchas cosas que decirle al Señor desde el corazón, y ver la transformación que hace en nosotros. Esa será la mejor respuesta que obtendremos como prueba de que Dios realmente escucha nuestras oraciones. Todo viene como añadidura, viendo la belleza y lo bueno en todas las cosas que nos rodea.

La oración, es la mejor medicina para sanar desde nuestro interior. Orar desde lo más profundo, te hará ser un hijo de luz que agrada a Dios.

ADORACION A DIOS

La adoración a Dios es un sentimiento que nace en nosotros mismos, como deseo y necesidad. La oración, es una forma de adoración también, a parte de comunicación directa con Dios. La adoración, es expresar nuestro amor a Dios desde nuestro interior y con el corazón.

¡Vamos a aprender cómo ser un verdadero adorador a Dios! Porque es el tema y punto principal para estar bien conectados con el Altísimo. Podrás acercarte y hablar con Él con expresiones propias e íntimas, porque adorar a Dios, es como la oración, es algo muy personal y, la forma en la que nos sintamos a gusto, es la mejor de todas.

Durante la adoración, puedes sentir la presencia de Dios, y hasta puedes recibir respuestas; incluso de tus oraciones. Ambas se complementan junto con las alabanzas.

Estaremos conectándonos con el mismo Cielo, y nada ni nadie impedirá ese momento celestial, reservado para Nuestro Dios.

Si lo haces un hábito, será de agrado para el Señor, y te lo demostrará en formas inimaginables. Esto no es ningún artificio ni esfuerzo de tu parte, la adoración será de agrado mutuo entre tu y Dios. Un lazo incorruptible que solo se cortará cuando dejes de hacerlo; cosa que será inusual, porque tendrás sed de repetirlo a diario.

Dios, en todo momento nos está dando la posibilidad de conocerlo con diferentes vías para cada persona, dependiendo de la situación que estés atravesando, Él entrará en tu vida de acuerdo a las circunstancias del momento, y lo hará perfectamente como solo Dios puede hacerlo.

La adoración, afianza al máximo la relación con Dios, fortaleciéndola y uniéndola. Sabrás que estás adorando a Dios y tendrás la certeza y afirmación; no habrá dudas ni objeciones al respeto, no te importará la opinión de tu entorno. Así sucede cuando le damos la importancia absoluta a nuestra comunión con Dios.

La adoración, no es imitación ni falsedad, no se puede trucar. Es un encuentro real con Nuestro Padre que debemos aprovechar y disfrutar, nos dará sanidad y restauración física y espiritual. Lo tienes que hacer con un corazón sincero. Si llegas a esta etapa naturalmente y te encuentras en ella, ya estás muy bien relacionado y enfocado en Dios. Donde están tus palabras, cánticos, alabanzas, están en tu corazón, es la manera que tenemos para expresarnos y está abierta a nuestra creatividad de expresión.

Es el momento de entregarnos a Dios íntegramente, dejando nuestras preocupaciones de lado, porque ya no serán el eje de nuestras vidas.

Hay muchas formas de llegar a Dios a través de ritos, cultos, retiros, oraciones, ayunos, lecturas, vigilias, etc. Pero, no hay que conformarse con eso, porque la vía más completa, que te llevará al máximo contacto con el Altísimo, es el siguiente esquema:

Resultado: Conocer a Nuestro Dios Viviente, a través de la comunión genuina, es la meta final de todo este proceso, donde nos conoceremos al mismo tiempo con nosotros mismos.

Las alabanzas pueden ser muy buenas, al igual que las oraciones; pero si lo hacemos por costumbre u obligación de quedar bien con Dios, estaremos perdiendo nuestro tiempo.

Nuestro corazón y sentimientos, deben de ser sinceros. A esto, Dios lo reconoce respondiendo a tus oraciones, si no lo hace, ya sabrás por qué, o quizás no te has entregado por completo a su voluntad, o como dice el apóstol Santiago: *...piden y no reciben, porque piden mal; para sus deleites, y no para su propósito de vida...*

La comunión con el Señor, debe ser íntima e infinita, pudiendo esperar lo que sea, cosas inexplicables de un Dios perfecto y poderoso. Hay personas que encuentran formas increíbles de adoración, muy personales.

Una amiga, pega mensajes a Dios en los espejos. Por mi parte, he decidido escribirle mensajes en una pizarra, como una forma de visualizar la relación y ayudarme a focalizar en las cosas que hablo con el Señor, como si siguiera una agenda con cualquier otro ser humano, en el que debo saber en qué nivel estamos de relación y agenda de trabajo en conjunto.

Mas allá de la forma, Dios sabe lo que pensamos o creemos, y más aún, lo que sentimos; pero hay expresiones personales que nos ayudan a disciplinarnos y a expresarnos con mayor facilidad.

Puedes comprar algo para ti o tu casa, y regalárselo a Dios. O compartir el regalo juntos.

Esto no es idolatría, o un vago síntoma psicológico de amistad invisible, es materializar la relación, hasta que vayamos madurando y el trato sea mucho más fluido y consiente; hasta que sea tan real y palpable, que no haga falta ningún elemento que nos estimule a la relación con Dios.

"Señor, tú eres mi Dios, te exaltaré y alabaré tu nombre porque has hecho maravillas. Desde tiempos antiguos, tus planes son fieles y seguros". **Isaías 25:1.**

"Adora al Señor tu Dios, y el bendecirá tu pan y tu agua. Yo apartaré de ustedes toda enfermedad". **Éxodo 23:25.**
"Que todo lo que respira alabe al Señor! ¡Aleluya! Alabado sea el Señor".
Salmos 150:6.

> *¡Alaben al SEÑOR, porque es bueno; porque para siempre es su misericordia!*
> **1° Crónicas 16:34.**

> *El SEÑOR ha prometido salvarme. Por tanto, tocaremos nuestras melodías en la casa del SEÑOR todos los días de nuestra vida.*
> **Isaías 38:20.**

> *Como a la medianoche, Pablo y Silas estaban orando y cantando himnos a Dios, y los presos les escuchaban. Entonces, de repente sobrevino un fuerte terremoto, de manera que los cimientos de la cárcel fueron sacudidos. Al instante, todas las puertas se abrieron y las cadenas de todos se soltaron.*
> **Hechos 16:25-26.**

La adoración, te hará crecer en conocimiento y fidelidad. Demostrando nuestro amor y compromiso por Dios; fortaleciéndonos en todos los niveles de fe, haciendo que nos sea más fácil cumplir con sus mandamientos. Estaremos viviendo para Él con entusiasmo y con deseo ferviente.

La familia espiritual que tengas: amigos, familiares o hermanos en la fe de donde te congregas, pueden servirte mucho en la adoración; todo lo que hagamos en conjunto, siempre es más poderoso.

Ejemplo: **Cadenas de oración.**

LA FAMILIA ESPIRITUAL

La familia espiritual, empieza a formarse cuando te insertas en el mundo de Dios. Es una cadena que el mismo Dios te regala. Esas personas, serán muy importantes para ti, te ayudarán en tu plan de vida, y al estar junto a Dios, son sus propósitos también, dándote la garantía de que esas personas tienen buena energía que se acoplará a tu vida, como si ya los conocieras, teniendo un respeto y compromiso con ellos como con Dios mismo.

Esto es algo maravilloso que empezarás a experimentar en este recorrido espiritual; facilitará un aprendizaje más ameno y significativo, donde podrás compartir tus experiencias para luego recibir apoyo en esos momentos en los que tu entendimiento y comportamiento necesiten contención y consejos sabios. Increíblemente es así, y lo vas descubriendo al paso del tiempo. Así llegará el amor de tu vida -entre ellas- porque Dios se encargará de que todo encaje en tu camino. Necesitas estabilidad en todas las áreas y Él obrará a tu favor a su tiempo y a su voluntad. Hay que ser pacientes y confiar que hay un momento para todo; pensando así, irás asemejándote más a Dios a través de la fe, y tu luz nunca se apagará, harás brillar a otros a tu paso, tu brillarás también, y contagiarás a otros con tu energía positiva, porque vas mirando lo bueno en todo y transformándote no solo tú, sino las personas cerca de ti.

Lo bueno de la familia espiritual, es que te hace sentir acompañado a través del sentimiento hacia Dios. Tal así, que habrá días que hasta pensarán o hablarán lo mismo y al mismo tiempo, como algo diagramado e idealizado por nuestro corazón, espíritu y Nuestro Padre Celestial.

Otra de las cosas que entenderás, es que Dios está en todos los detalles y, que realmente es perfecto. Confiarás en tu nueva familia espiritual como nunca antes habías confiado en otra persona, porque sabrás que todos comparten un mismo sentimiento e ideología; que la única idolatría que habrá será

Dios. Todo lo que hagas de ahí en más, te llevará a poner a Dios en primer lugar siempre, sin esfuerzo y naturalmente perfecto.

"Porque donde están dos o tres congregados en mi nombre, allí estoy yo en medio de ellos".
Mateo 18:20.

Generalmente, cuando nos acercamos a Dios, solemos estar solos; pero al empezar la relación, todo se alinea plenamente, y vas recuperando una mejor relación con las personas. Nuestro Padre, desea siempre lo mejor para nosotros, nadie nos ama como Dios, aceptándote tal cual eres. Tenemos un Dios abundante que nos proveerá más aún de lo que necesitemos.

Las personas, relaciones, amigos, enemigos, quién sea que se te cruce en tu vida, no son casualidad, están predestinados a pasar para tu propósito en la vida.

A medida que tu relación crece, también lo hará tu aprecio y forma de comprender a Dios. A veces, nos encontramos con personas que opinan diferente a nosotros, y es que comprenden de otra manera las cosas; cada persona es diferente y no significa que estén equivocados, sino que poseen otro punto de vista. Esto, se debe a que cada uno tiene una comprensión y experiencia íntima y sutil con Dios, enfocada desde las vivencias que cada uno carga o lleva consigo; eso que nos queda siempre en nosotros y que no se puede comprar: sentimientos, emociones que conllevan al amor, y si hay amor, está Dios de por medio, eso no lo olvides nunca.

La familia espiritual, te aconsejará en ocasiones y prestarás mucha atención a esos consejos, porque sabrás que vienen de un corazón sincero. Además, recordemos que el que ora, ya tiene una relación con Dios y las respuestas a esas oraciones, las da siempre el Espíritu Santo.

El único que te completa haciéndote libre es Dios, eso que todos necesitamos, esto sucederá a medida que empieces a perder el interés por el sistema perverso diseminado en este mundo por el mal, dándole más importancia a lo espiritual y celestial. Poder tener una vida como en el Cielo, en la Tierra, es real. Porque el Cielo es Dios, y al estar con Él, te transporta a otra esfera, donde la divinidad te hará amar, prosperar; te restaurará física y mentalmente, podrás percibir que todo está bien y ya no necesitarás señales ni pruebas, porque confiarás sumamente en que Dios está contigo.

Si quieres progresar en la vida, conéctate al Señor, empieza a desligarte del mundo de la maldad, porque te aleja de Dios.

El mal, buscará la forma de mantenerte entretenido, todo lo que pasa a nuestro alrededor, es para distraernos de nuestro verdadero propósito. Lo que tienes que hacer, es enfocarte en Dios, compartiendo tu día con Él hasta hacerlo una costumbre enriquecedora. Nunca tendrás una vida plena alejado de Dios, porque vas a ir contra la corriente natural de tu ser.

Pon control en tu vida desde ahora, cambiando los órdenes de tus prioridades, y subiendo a Dios al Primer escalón de tu vida. No es tarea fácil, pero no es imposible.

Tendrás pruebas en el trayecto, pero Dios mismo sabe que puedes soportarlas, y cuando pases las pruebas, te compensará.

Sigue los pasos y reléelos, todos los títulos de este libro son necesarios y se complementan para que tengas las herramientas necesarias. Solo enfócate, es lo que necesitas para empezar tu transformación.

Me agrada poder ayudarte y ser parte de tu familia espiritual, sería un honor ser un instrumento para tu despertar espiritual.

Quiero apoyarte para que lo logres, por eso, al final de este libro, encontrarás mi contacto y el de mis colaboradores con una línea de soporte emocional para darte apoyo en la situación actual que estés atravesando; y para dar respuesta a todas las dudas o inquietudes que surjan en tu diario vivir.

No quiero que esto sea simplemente un libro, sino que sea el contacto con el mundo celestial que necesitas, para dejar de lado lo que te perturba, y superar cualquier prueba de la vida.

Estamos disponibles en todo momento, porque cada uno de ustedes es importante, y lo que hacemos, no es para nosotros, sino para servir a Dios, Él se lleva todos los créditos.

Has venido al mundo para tu propio progreso y para el de tu entorno. Ese que se acopla a ti, haciendo una expansión a otros grupos de personas, reencontrándote con el mejor regalo que puedas tener: Dios.

BENDICIONES

Es muy importante bendecir con el corazón y amor, produciendo una conexión y protección divina sobre la persona que estamos bendiciendo.

Cuanto más bendices, más cambios positivos en tu vida y en la de otros produces. Estás llevando la bendición de Dios, siempre en Su Nombre, a tus alimentos, seres queridos, familia, amigos, pareja, dinero, trabajo, al mundo entero, y a todo lo que nos rodea.

Es una forma de dar amor, estarás dando primero, para estar apto para recibir. Tu vida será bendecida en todas las áreas una vez que lo hagas un hábito, empezarás a ver cambios sorprendentes.

Bendecir, es desearle el bien al otro, ilimitadamente. Esto, abarca el bien en todos los campos de sus vidas, proclamando felicidad para esas personas bendecidas. Dios, te estará utilizando como instrumento de sus bendiciones.

Energía y luz positiva estamos enviando con cada bendición, de la cual regresará a nosotros de otro modo.

Ahora que sabes la importancia de bendecir, puedes comenzar con esta tarea divina ayudando a otros desinteresadamente, llenándote de sentimientos y emociones tan enriquecedoras que transformarán tu vida maravillosamente.

Bendice a todo y a todos cuando sales al mundo por la calle, en tu trabajo, en tu hogar, en cualquier lugar y en cualquier momento. Incluso a personas que no conozcas, eso es grandioso. Imagínate recibir bendiciones de otras personas a diario, ¡Sería fenomenal!

Hace un tiempo, me vino una gran idea a mi cabeza, crear espacios de bendiciones en redes, grupos y chats, para trasmitirlas a diario, y ser receptor de otras.

Utilizar la tecnología para llevar el bien. Y, ¡Funcionó! Produciendo cambios en las personas, trasmitiéndolas desde un rincón a otro de nuestro planeta, juntando y uniendo puntos, lugares y países a través de las bendiciones. Llevando oración y adoración.
Cambiando el estado de ánimo de la gente, haciéndolas más felices.

Es importante visualizar que hay medios que nos facilitan la vida y nos hacen acortar las distancias y el tiempo.
La tecnología avanzada y comunicación, son herramientas que nos permiten llegar a lo que antes era casi imposible sin recursos financieros. Ningún país del mundo está inaccesible gracias a la internet.
Y aunque la mayoría la usa con fines perversos y egoístas, Dios permitió que se nos facilitara la comunicación, para llegar a donde ni siquiera imaginamos con Su Palabra.

No hay excusas para aprender, ni para oír lo que Dios quiere de nosotros. El conocimiento se hizo universal, y es una bendición y ventaja que así sea.

Foto de nuestro primer Grupo de bendiciones alrededor del mundo. En la actualidad, contamos con 5 grupos que cada día reciben la bendición de Dios.

"Todo lo puedo en Cristo que me fortalece".
Filipenses 4:13.

NO OLVIDES ESTO:

*"Porque a la persona que le agrada, él le ha dado sabiduría, conocimiento y gozo, más al pecador le ha dado la tarea de recoger
y amontonar para dárselo
al que agrada a Dios".*
Eclesiastés 2:26.

EL MENOSPRECIO

> *"Esto habla, exhorta y reprende con toda autoridad. Que nadie te menosprecie".*
> **Tito 2:15.**

Pobre de aquellos que te menosprecien, nadie es mejor que otro por tener más dinero o más conocimiento en algo. Una persona puede ser especializada en una materia y en lo que se dedica, pero no vale más que ti ante los ojos de Dios. Él mide los valores del corazón y no de la presunción.

Les voy a contar una historia para que lo entiendan mejor:

Una vez, en la casa de una familia millonaria, empezó aparecer un mendigo que recolectaba plásticos y cartón.
Sintiéndose cansado por su recorrido, se sentó al lado de esta residencia donde la señora de la casa lo vio por la ventana y se apenó de tal manera que se puso a cocinar para él con una dedicación como la de una madre a un hijo; y sin pensarlo, se acercó y le dio la comida con algo para tomar. Hasta una servilleta le ofreció. Fue un detalle de cariño, ya que no lo sintió como un compromiso, sino que realmente estaba ayudando al prójimo desinteresadamente.

Al paso de los días, se hizo una costumbre diaria, pero ella lo hacia con amor. Madre soltera que vivía con su hijo, que siempre jugaba a la pelota en la vereda de su casa, en este barrio residencial.

En una ocasión, un vecino se acercó para decirle a la señora que no debería permitir que ese vagabundo se acercara a la casa, que era un desprestigio para el barrio y por cuestión de su seguridad.

La señora contestó que no lo veía como tal, que ayudaba a este mendigo con mucho gusto, porque así lo sentía, y que el era un ángel que había enviado Dios.

El vecino, le terminó dando la razón, ya que vio que realmente estaba ayudando a esta persona, y que el hombre iba allí a comer; luego de eso, se fue.

Un día como cualquier otro, el mendigo estaba comiendo su comida nuevamente, la que le había acabado de dar esta hija de Dios; y su hijito, estaba nuevamente jugando a la pelota, cuando sin querer, el niño tiró la pelota hacia la calle, donde circunstancialmente doblaba una camioneta a gran velocidad, con dirección a donde estaban la pelota y el niño.

El mendigo, sin dudarlo, corrió atrás del niño para empujarlo y salvarlo de ser atropellado.

Él era uno de los propósitos de Dios. La señora actuó bien en todo momento, al recibir al mendigo en su casa y atenderlo, dio lugar a que ese día el estuviera ahí para ella.

¡Los propósitos de Dios son increíbles! Cada uno tenemos uno principal en nuestras vidas, y aquí damos las pautas de cómo realizarlo si estas cerca de Dios siguiendo sus enseñanzas.

La ausencia de Dios, te aleja de tu propósito. Una vida con éxito, con prosperidad, logros, felicidad siempre estará orquestada por Dios, es su recompensa para cada uno de nosotros.

Tenemos un Dios abundante y no de escases, solo que las personas piden el milagro antes de acercarse a Dios o cuando necesitan algo, y también para emergencias.

Dios, prueba nuestra fe, por ello esto se construye día a día con la oración, adoración y las guías que Dios ya nos ha dejado en Su Palabra. Nosotros decidimos si queremos seguirlo o no.

Mi consejo, es que seas feliz, y que seas un hijo de Dios salvo, que le agrada a Nuestro Padre.

MURMURACION

La murmuración y el chisme, son los pecados que más destruyen a los hijos de Dios. Es muy dañino y peligroso no solo para el que murmura, sino también al oyente. Y así como lo leen, es descripto como pecado de muerte en la Biblia. Satanás, lucha contra todo lo que le agrada a Dios y, ¿qué es lo que más le agrada a Dios? Sus hijos, especialmente en Su Iglesia, los que creen en Él.

La murmuración, es hablar mal de alguien y desprestigiarlo cuando no está presente o sea a sus espaldas.

"Bienaventurado el varón que no anduvo en consejo de malos, ni estuvo en camino de pecadores, ni en silla de escarnecedores se ha sentado". **Salmos 1:1.**

Esto, significa reunirse para denigrar a alguien. En vez de hacer esto, ¿por qué no vamos directo a la persona con la que tenemos una diferencia y lo hablamos de frente con cordialidad?

"Que con mansedumbre corrija a los que se oponen por si quizá Dios les conceda que se arrepientan para conocer la verdad".
Timoteo 2:25.

Se puede corregir a alguien para que pueda crecer y para guiarlo y ayudarlo al mismo tiempo. Dios, está en cada uno de nosotros, no debemos humillar a nadie, solo humillarnos ante los pies de Dios.

ENVIDIA

Emoción tóxica que se relaciona con el deseo de poseer lo de otra persona. Hay que reconocerla y dominarla, sino, crecerá con cada cosa o experiencias que tengamos.

La envidia, hace mal a la persona que la irradia, y también a su entorno.

Una vez que la reconocemos, debemos controlarla hasta sacarla de nuestro ser y pensamientos; tenemos que cambiar la idea de lo que vemos y no sentirnos inferiores o incapaces porque no tenemos ese objeto.

Hacerlo, nos termina dañando fuertemente, nos pasamos la vida comparándonos con otra persona, con lo que es, pensando que ello vendrá a nosotros al hablar mal de la misma.

Por ejemplo: *"tiene dinero porque roba, porque anda en negocios turbios...*

La frustración que tiene el envidioso, es porque está descontento con su propia vida, incluso te descalificará antes de conocerte.

El malestar interno, produce un enojo e ira incontrolable que hasta en ocasiones se hace costumbre, puede convertirse en crónica.

Esto, hará decir y pensar que todo lo que tienes, aunque no lo sea, es mejor que lo del otro; produciendo un complejo de inferioridad terrible.

Hay que tener cuidado con esto, se debe dominar o nos destruiremos nosotros mismos, generando problemas en nuestro cuerpo de todo tipo, hasta enfermarnos, porque esa energía negativa que estamos enviando, nos regresa multiplicada.

Tienes pensar de otra manera, y cambiar tus ideas, la forma en que ves las cosas, porque si no, te aniquilarás tú mismo, y la mayoría de las veces sin saber por qué.

Los problemas en tu cuerpo se manifestarán en: trastornos digestivos, ortopédicos, musculares, de movilidad, malestar en tu interior a gran escala, etc.

Mientras no dejemos de pensar en lo que tiene el otro y de compararnos, todo será una tortura interna espantosa.

La envidia buena, **NO EXISTE**. Eso es falso, es una manera de justificarla. Solo queda bendecir lo que otro tiene, felicitarlo desinteresadamente, porque está logrando sus propósitos.

¡Nuestra bendición de Dios viene en camino!

Si no quieres que te envidien, no compartas tus bendiciones, aléjate de las personas que te pueden hacer este daño.

Uno comparte sus logros porque no siente la envidia, y lo hace a gusto; pero no nos damos cuenta de que esta acción nos puede perjudicar. Es una pena, porque sería mostrar lo que Dios hace en nuestras vidas, las bendiciones se deben compartir con todos sus hijos, para que sean inspirados a mejores metas, no a la envidia.

Lamentablemente, hay personas que al desear todo lo que tienen los demás, optan por vivir vidas ajenas, y se olvidan de la propia.

Si te acercas más a Dios y lo hablas con Él, en el caso de que seas la persona que tiene el sentimiento de envidiar, pídele que te transforme el corazón a través del Espíritu Santo, que te ayude a expulsar ese sentimiento que no quieres más.

Si eres la persona envidiada, pídele lo mismo, pero a la inversa; que transforme el corazón en la persona envidiosa, y Dios obrará a tu favor.

Nuestro Dios es amoroso y bondadoso, nos ama a todos, por eso nos perdona y acepta; a pesar de ello, hay personas que no lo aceptan. Dios, nos da la libertad de elegir, y nos da la guía para seguir las buenas cosas, porque son las que se multiplican. Las malas, nunca florecen.

"Seis cosas aborrece Jehová, y aun siete abomina su alma: los ojos altivos, la lengua mentirosa, las manos derramadoras de sangre inocente, el corazón que maquina pensamientos inicuos, los pies presurosos para correr al mal, el testigo falso que habla mentiras, y el que siembra discordia entre hermanos".
Proverbios 6:16-19.

"El corazón apacible es vida de la carne, más la envidia, es carcoma de los huesos".
Proverbios 14:30

AMEN te conecta al cielo

BRUJEria

Muchas personas afirman que la brujería no existe. Pero, lo paranormal y la hechicería existen desde siempre. La Biblia nos advierte de todo esto, y lo peligroso que puede ser.

Las advertencias son bien claras y específicas:

"No debería hallarse en ti nadie que emplee adivinación, practicante de magia, ni nadie que busque agoreros ni hechicero, ni uno que ate a otros con maleficio, ni nadie que consulte a un médium espiritista o a un pronosticador profesional de sucesos,
ni nadie que pregunte a los muertos". **Deuteronomio 18:10-13.**

¿PORQUE NO?

"Porque todo el que hace estas cosas es detestable a Jehová. Debes resultar exento de falta con Jehová tu Dios".

La Biblia, condena rotundamente estas prácticas, porque tienen un origen desagradable desde los tiempos de antes de la creación la Tierra.

El Señor, dio vida a millones de ángeles y seres espirituales, dándole el libre albedrío, con capacidad de escoger entre lo bueno y lo malo. Y ahí empezó todo. Se revelaron algunos de ellos contra Dios, renunciando al Cielo para traer maldad y violencia a la Tierra; ejerciendo una poderosa influencia y confundiendo a los seres humanos. Aprovechándose de su curiosidad de conocer el futuro, queriendo engañar a las personas para que no conozcan a Dios.

Aconteció que cuando comenzaron los hombres a multiplicarse sobre la faz de la tierra, y les nacieron hijas, que viendo los hijos de Dios que las hijas de los hombres eran hermosas, tomaron para sí mujeres, escogiendo entre todas.
Y dijo Jehová: No contenderá mi espíritu con el hombre para siempre, porque ciertamente él es carne; mas serán sus días ciento veinte años.
Había gigantes en la tierra en aquellos días, y también después que se llegaron los hijos de Dios a las hijas de los hombres, y les engendraron hijos. Estos fueron los valientes que desde la antigüedad fueron varones de renombre.
Génesis 6:1-4.

Aunque todo esto esté sucediendo hasta nuestros días, estos seres han sido derrotados por el mismo Dios Todopoderoso, y solo esperan su condena final. El poder de Cristo, es sobre todos ellos, y están sujetos a su autoridad.

"Solo un poco más de tiempo, y el inicuo ya no será y ciertamente darás atención a su lugar, y el no será, pero los mansos mismos poseerán la tierra, y verdaderamente hallarán su deleite exquisito en la abundancia de paz". **Salmo 37:10-11.**

La brujería, no es aceptada por Dios. A Él no le gusta, ni le agradan los que la practican o buscan de ella. Esto es de suma seriedad, no es un juego, como muchos elementos que se toman a la ligera: tabla guija, levitación, magia, lectura de la palma de la mano, horóscopos, astrología, adivinación, clarividencia, proyección astral y todo lo relacionado a estos temas.

Todo método de buscar conocimiento, sabiduría, poder, guía, por fuera de Dios, te llevará a las tinieblas, conectándote con estos espíritus del mal y perdición.

Cuando te sientas triste, deprimido, sin esperanzas, la solución está más cerca de lo que crees, en tu corazón, donde habita Dios, a través de Su Presencia.

Ahí, encontrarás una palabra esperanzadora y segura, porque Dios te ama infinitamente.

No busques afuera lo que ya está en tu interior.

No te dejes engañar, como hijo de Dios, debes alejarte de estas cosas, al igual que las revistas, libros y películas que te muestran el ocultismo como algo intrigante e inofensivo.

Esto hace que dudes de Dios y cambies tu creencia, ese es el objetivo de estos entes que querrán que te olvides del Señor, para acudir a ellos.

EL PERdon

Debemos perdonar, ya que el perdón libera. Lo haremos por medio de la oración, pediremos por el perdón de nuestros pecados ante Dios para que nos de sabiduría; también para comprenderlos, para no volver a cometer los mismos errores, clamando a Dios por su voluntad, para que deje ir esos sentimientos nocivos. A causa de ellos, esa culpa no te deja seguir con tu vida.

Luego de esto, y que hayas sido perdonado, te toca el turno a ti para salir a perdonar a otros. Esto trae liberación y beneficios para tu salud, porque todo el mal contenido en tu interior, perjudica tu cuerpo y mente.

Perdonar, porque realmente lo sentimos, alivia incluso a la otra persona con la que tienes asuntos pendientes. El perdón trae paz, tranquilidad y liberación. Nos hace libres de esas cargas que teníamos.

Las cargas, son unos símbolos de: miedo, abandono, tristeza, decepción, injusticia, ira.

Perdonando con frecuencia, te sentirás fortalecido, feliz, contento contigo mismo. El perdón es el camino a la felicidad.

No poder o no querer perdonar, son las enseñanzas y costumbres que vienen con nuestra infancia, seguimos haciéndonos daño sin saber aún que la solución a gran parte de nuestros malestares o ánimo es porque no perdonamos.
Más aún, si crecimos en el entorno de una familia peleadora y que discutía todo el tiempo. Esa escuela de vida, no nos enseñó a perdonar.

Nos pasamos pensando en una ofensa que nos hicieron durante días, sin conseguir dormir, viviendo con rencor y de mal humor, siendo no bueno para nuestra salud.
Al no saber hacerlo, dañamos todo tipo de relación que podamos tener. Nos aislamos y nos sentimos solos tratando de buscar una confirmación que justifique que estamos solos porque es mejor.

Una cosa es pasar tiempo aislados para descubrirnos a nosotros mismos; y otra muy distinta, es alejarse del mundo entero por miedo a las decepciones o traiciones.
A la vez, esto produce una cadena de malos sentimientos profundos, desencadenando: ansiedad, depresión, ataques de pánico, etc.
En lugar de centrar a Dios en sus vidas, centran a la ofensa y piensan en ella constantemente; pasan su vida sin disfrutarla.

Estas personas, además suelen acompañar estos síntomas con migraña, artritis y hasta afecciones cardíacas.

¡Saquemos el rencor y todo nuestro ser se transformará desde el interior hasta el exterior!

Tu entorno lo notará, porque tu ánimo y felicidad -luego de perdonar- rondarán en tu vivir diario. Tendrás una señal de que vas por buen camino, ayudando a otras personas y enriqueciéndonos con lo más saludable: *las emociones propias y de otros, que llegan en forma de gratitud.*

Un estado de comprensión te llevará a poder escuchar a alguien que te necesita; Dios es amor, al igual que el perdón es una demostración de amor hacia el prójimo.

Los errores que cometamos durante el proceso de vida, son experiencias para aprender a ser mejores, seres de buen corazón, imitadores de Dios.

La buena energía, te llevará a encontrarte con personas de buen ánimo, alegres y dichosos. Lo bueno se multiplica y llama a lo bueno; tus amigos serán mejores, tu relación amorosa mejorará, tendrás equilibrio en todo lo que hagas y emprendas.

Lo mejor, es corregirnos en el momento, será más fácil cambiar de actitud, si admitimos el error u ofensa que hayamos cometido. Si sufres, harás sufrir a los demás.

"Continúen soportándose unos a otros y perdonándose liberalmente unos a otros".
Colosenses 3:13.

*El que perdona la ofensa cultiva el amor;
el que insiste en la ofensa divide a los amigos.*
Proverbios 17:9

Más bien, sean bondadosos y compasivos unos con otros, y perdónense mutuamente, así como Dios los perdonó a ustedes en Cristo.
Efesios 4:32

RESULTADO: **Mejor estado físico, mental y espiritual.**

¡LIBÉRATE Y PERDONA!

PROTECCion

Hermanos y hermanas, cuando nos empezamos acercar a Dios, "el enemigo" no lo querrá, intentará impedirlo. Le desagrada perdernos, y nos empezará a poner dudas acerca de Nuestro Dios, y no podemos permitirlo.

Esta será una señal de que estamos más cerca de Dios, ya que Él lo permite para probar en ocasiones nuestra fe, y también para fortalecernos e incentivarnos en investigar a través de la lectura y estudio de La Biblia.

Como hijos de Dios, una vez que hayas aceptado a Jesús como Salvador, como Nuestro hermano mayor, el Espíritu Santo tendrá la autoridad de reprender a cualquier mal, energía negativa, demonio o emisario del mismo infierno "CON TODA AUTORIDAD". Y sabrás cómo hacerlo, es increíble, pero así es de sencillo.

Las palabras te vendrán solitas a tu mente, y serán perfectas para la ocasión, expulsando de tu hogar -en el nombre de Jesús- y se irá por donde vino. Estos espíritus verán que eres un hijo de Dios. Solo podrán asustarte, pero no podrán hacerte daño, porque estas completamente protegido.

Una vez que lo experimentes, se irá el temor de la primera vez, y esa entidad lo notará y no volverá a molestarte más.

La prueba de Dios, ya está manifestada, porque lo permite hasta cierto punto, y cuando dice: ¡Basta! Así es. Porque Dios tiene el control absolutamente de todo.

"Póngase toda la armadura de Dios para que puedan hacer frente a las artimañas del diablo". **Efesios 6:11.**

RECOMENDACIÓN: **Salmo 91**. Leerlo por las mañanas, es un buen consejo para tener un día protegido y con la presencia de Dios en nuestra conciencia.

El que habita al abrigo del Altísimo, Morará bajo la sombra del Omnipotente. Diré yo á Jehová: Esperanza mía, y castillo mío; Mi Dios, en él confiaré. Y él te librará del lazo del cazador: De la peste destruidora. Con sus plumas te cubrirá, Y debajo de sus alas estarás seguro: Escudo y adarga es su verdad. No tendrás temor de espanto nocturno, Ni de saeta que vuele de día; ni de pestilencia que ande en oscuridad, Ni de mortandad que en medio del día destruya. Caerán a tu lado mil, Y diez mil a tu diestra: Mas a ti no llegará. Ciertamente con tus ojos mirarás, Y verás la recompensa de los impíos. Porque tú has puesto a Jehová, que es mi esperanza. Al Altísimo por tu habitación, no te sobrevendrá mal, Ni plaga tocará tu morada. Pues que a sus ángeles mandará acerca de ti, que te guarden en todos tus caminos. En las manos te llevarán, Porque tu pie no tropiece en piedra. Sobre el león y el basilisco pisarás; Hollarás al cachorro del león y al dragón. Por cuanto en mí ha puesto su voluntad, yo también lo libraré: lo PONDRÉ en alto, por cuanto ha conocido mi nombre. Me invocará, y yo le responderé: Con él estaré yo en la angustia: lo libraré, y le glorificaré. Saciaré de larga vida, y mostraré mi salud. **SALMO 91**

"*Toda palabra de Dios es digna de crédito, Dios protege a los que en él buscan refugio*". **Proverbios 30:5.**

MENSAJES A DIOS
Kenneth Leiva

En tu presencia descansaré.
En tu regazo me abrigaré.
En tus pies estaré,
porque no quiero otro lugar.
En mis noches de silencio
clamaré a ti.
En mis días sin salida,
tú serás mi camino.
En mi corazón
mi resguardo serás.
En cada paso que daré,
serás mi meta.
En esta vida que me mata,
tú serás mi vida.
En cada momento tu

Palabra tendré,
porque he comprendido
que sin ti nada soy.

Comprendiendo, miro mis debilidades.
Examinando mi interior, descubro mis errores.
Meditando, me encuentro con mi pecado.
Y llorando, me doy cuenta lo que he fallado.
Al verme a mí mismo, me doy cuenta que
Menos que nada soy.
Que nos merezco ni el honor de
Atar tus sandalias.
Comprendo que mi debilidad es mucha,
Y que mi fragilidad es más que evidente.
Pero, a pesar de ser quien soy,
Tú me amas, me tomas y me pones
A tus pies, siendo el lugar único
Y más alto en el que puedo estar.
Me miras, y con tu amor
Pronuncias mi nombre.
Me curas mis heridas, lavas mis pecados,
Extiendes tus manos y peleas
Mis batallas.
A pesar de ser quien soy, diste tu vida
Por amor.
Y con cada amanecer, al abrir

Mis ojos, me das
Tú misericordia.
A mí, que soy menos que nada
Me permites ser llamado tu hijo.

HISTORIAS DE VIDA

Graciela Espinoza (Mexico)

Y resulta que el único que podía juzgarme me amó, me perdonó, me levantó y me acercó a su presencia.
Juan 7:11

En la vida cristiana existen dos tipos de personas:

La Primera: Es aquella que escucha la Palabra de Dios y la vive, es un hacedor de ella. Construye su fe sobre una roca firme - nuestro Señor Jesucristo- y, por lo tanto, ninguna tormenta, tristeza, tribulación, problemas, ni nada podrá tambalearla. Pues, está cimentada en algo seguro, confiable y firme: JESÚS.

La Segunda: Es aquella que ha oído la Palabra de Dios, pero no ha querido vivir bajo la voluntad de Dios, y es por eso que, al menor problema o sufrimiento, perciben que su vida se derrumba. Al no estar bajo la cobertura de Dios, van camino a la ruina espiritual e incluso física.

En esta última, me sitúe yo misma durante mucho tiempo, y es que, aunque conocí la Palabra desde muy joven y creía estar firme en mi fe, realmente no era así.

Durante muchos años asistí a campañas de evangelización, y cada vez que los hermanos hacían el llamado para aceptar a Dios en la vida de cada persona y declarar que Jesús era el único salvador de sus vidas, yo sentía ese llamado, sentía la desesperada necesidad de pasar al frente y aceptarlo. Mi corazón se agitaba, me invadía un temblor, pero algo me detenía. Hasta que, por fin, un día logré llegar al frente, caminé al altar y tuve mi primer encuentro con Dios, lo acepté. Sin embargo, era muy inmadura y no me comprometía, fui tibia, y así repetí ese acto de pasar al frente durante ese período de llamamiento un par de campañas más.

Al paso de los años, me casé y tuve la bendición de la herencia de Jehová, pues tuve 3 hijos hermosos y maravillosos. Fue hasta entonces que, realmente me comprometí con nuestro Señor y sellé ese pacto bautizándome.

Todo tenía la aparente pantalla de una vida correcta, me congregaba, hice de la oración y el ayuno un hábito, y el ministerio infantil fue mi don, pues, en casa se congregaban un aproximado de veinte niños y niñas de mi vecindario con los que compartía la Palabra, y apoyaba en lo que a mi alcance estaba a esas familias para honra de nuestro Dios.

Algo negativo sucedía, no me sentía plena, ni feliz, ni valorada, mucho menos prosperada o amada. Y ahí radica el verdadero discernimiento y la madurez espiritual. Yo no tenía eso.

El fijarse metas terrenales, antes que espirituales, te ponen una venda que ciega y no te permite ver lo que es verdaderamente importante. Te impide tomarte de la mano de Dios, sentir su gozo y plenitud, su grande amor.

Llegué a sentirme tan deprimida, tan vacía que, mi autoestima se fue por los suelos, me sentía incapaz de todo, cobarde, limitada, sin futuro, triste. Así viví sumergida por mucho en un mundo gris, desvalorada.

En ese trance, pasé por un divorcio, fue un cambio drástico: el comienzo de un proceso.

Fue justo ahí cuando asistí a un retiro espiritual, que fue punto clave en mi transformación. Ese fin de semana con Dios misericordioso y bueno, obró en mi extraordinariamente, y como dijo Job: *de oído lo había oído, pero ahora mis ojos lo veían...*

Lo que pasaba conmigo, era como si conociera al rebaño y no identificará al pastor. Así fue hasta ese fin de semana en mayo de 2015.

Las misericordias de Dios son nuevas cada día, y aunque hay días malos, de batalla, de angustia; también hay días de amor, de paz, de poder, de visitación y restauración. Todo tiene su tiempo.

Fue así que, ese retiro detonó en mí el gozo de la presencia de Dios, y creó en mi interior una atmósfera que se manifestó llenándome de fe y sintiendo el gran amor del Padre.

Días y noches pasaron, un proceso difícil, totalmente desértico, viviendo situaciones que me atemorizaban. Pero ahora, era distinto; el oasis estaba a mi vista. Me aferré a Cristo, pasara lo que pasara, y desarrollé una fortaleza que no depende de las condiciones externas y, aún en medio de mis lágrimas, de mis problemas, el gozo del Señor no se apagó nunca más.

Dios, conocía mis aflicciones y mis necesidades, trabajó y aún trabaja en mis bendiciones, pero cada victoria conlleva antes, una batalla.

Papá Dios, tiene por deseo bendecirnos, pero tenemos que estar preparados pues, el enemigo de nuestras almas desarrolla ciclos de tentación y amedrentamiento; pero esto no dura para siempre, porque Satanás es cíclico, cuando nota que el deseo de nuestro corazón está por cumplirse, ataca. Porque sabe que el Kairós (tiempo) de Dios llegó y que nos revelará nuestro propósito de vida, no quiere que gocemos de las bendiciones y milagros, ni de la respuesta a nuestras peticiones de parte de Jehová, por medio de su Hijo Jesucristo.

Pero, terminada toda tribulación y proceso, angustias y tentaciones, se aleja el mal, porque nos mantuvimos firmes en el Señor y permitimos que Dios tomara el control de cada situación, cosa o persona en nuestra vida.

Para llegar al tiempo señalado y ser vencedores, se tiene que ofrendar con humildad y amor nuestras vidas a nuestro Hacedor. Se tiene que eliminar toda duda y creer con fe en que nuestro Dios Todopoderoso, Rey de reyes y Señor de Señores, para el cual nada es imposible.

Durante mi proceso, Dios puso en mi vida a una persona que me hizo retomar mi autoestima y crecer en el amor. Fui madurando espiritualmente; nuestro Señor cruzó también en mí camino a personas muy especiales que se han convertido en mi familia espiritual, a los cuales amo y en los que encuentro apoyo. Además de una nueva oportunidad de sentirme plena y feliz, pues, es mi deseo servir a Dios y que el nombre de Jesucristo se glorifique con mi vida.

Es un privilegio ser Su instrumento y desarrollar mis dones y talentos siendo testigo de Él y su Presencia a todo el mundo. Encontrarme con este gran equipo que Dios mismo confirmó y el habitar juntos en armonía, produce un resplandor tan atrayente que nada puede evitar que la luz del evangelio brille y podamos compartir la verdadera fuente de vida y amor; la clave de todo es: **DIOS.**

No se necesita ser un excelente orador o tener un alto cargo para hacer que tu voz se escuche, todos los días se tiene la gran oportunidad de proclamar tu fe y, el lugar exacto para hacerlo, es donde Dios te colocó, y la manera de hacerlo, es así de perfecta como el amor del Padre reflejado en cada palabra que emitas en cada frase, y tú modo de dar un buen testimonio de Él.

Y es así como mi vida cambió y se restauró, cimentada en Jesucristo. Dios, me ha estado formando un carácter y una convicción más fuertes, ha ido poniendo todo en su lugar y, aunque no ha sido fácil lidiar con batallas diarias; en Su Presencia entrego mi vida, mis sueños y todo lo que soy; me refugio en su amor y revestida con su Santo Espíritu, me empodero en su Palabra, de sus promesas, y declaró que sin Él no soy nada; y le digo: *¡Heme aquí mi Señor, creo en ti y bajo tu voluntad vivo! Guíame, perdona mis fallas, respáldame al compartir tu Palabra, permíteme ser luz a otros, siempre resplandeciendo en tu Santa Presencia. Prepárame para tus planes y dótame de sabiduría.*

El Señor quiere hacer algo nuevo en ti, y así será cuando a través de la fe lo mires. Toma la determinación de dejar de llorar, y permite que Dios muestre sus propósitos en ti.

Debajo de sus alas estás protegido, solo confía, eres la niña de sus ojos, pon toda tu carga en sus manos y permite que Él haga su obra. Ya no luches con tus propias fuerzas, porque Dios será quién pelee por ti, te guardará en donde quiera que estés, y no te dejará solo jamás.

Déjate abrazar por Él, siente su Presencia fluyendo en ti. Cree, espera y ama como un niño, mira con amor y confianza a tu Padre Celestial. El Alfarero aún no ha terminado contigo, y cuando una pieza de barro es terminada, el producto final es increíble y se puede convertir en la pieza más fina y hermosa.

No te desanimes, Dios llega en el momento justo. Puede que tú fe esté siendo probada, pero cuando es auténtica, verdadera y total en Dios, debes estar seguro que ni el mayor fuego podrá contigo, porque el estar en su Presencia te llevará a ver los mejores resultados, aún después del peor acontecimiento que puedas enfrentar.

Jehová se manifestó a mi hace ya tiempo diciendo: con amor eterno te he amado, por tanto, te prolongue mi misericordia.

Dios, te ama sin medida, y es por eso que sobre tu vida desea derramar de su paz y su amor como un río, para que sepas que cuentas con su Presencia, su ayuda y sus bendiciones.

Miryam Mendoza (Ecuador)

"A ti Señor, elevo mi clamor desde las profundidades del abismo".
Salmo 130:1.

Mi historia, tiene que ver con lo que se aprende en el ambiente familiar en donde se nace. La influencia de personas cercanas, como de la sociedad. No solamente por lo que me enseñaban directamente, porque inconscientemente vamos aprendiendo con solo ver las actitudes.

Me pasaron cosas muy duras desde pequeña, como no haber vivido con mi madre desde los 5 años, por causas que por ahora no contaré.

Viví con mi padre y familiares que nos cuidaban, a tal punto que también formé con mi padre, un vínculo muy profundo de amor y apego, sintiendo que él era todo en mi vida.

Durante mi niñez y adolescencia, tuve muchas experiencias maravillosas, sentía que disfrutaba a plenitud la vida y todo lo que iba experimentando, pero así mismo, después comprendí que también hubo experiencias dolorosas que me dejaron marcada y que quedaron grabadas en lo más profundo de mi subconsciente, y que eran precisamente las que con el pasar de los años me iban a recordar todo lo negativo que experimenté, tanto en mis pensamientos, sentimientos, emociones y, en mi accionar.

A tal punto que, llegaría a sufrir de una terrible depresión, ansiedad, obsesión, y tantas otras patologías mentales que surgen por los dolores del alma. Mi sistema nervioso, estaba totalmente descontrolado, y eran las emociones las que tenían control sobre mí.

Entré en un estado de tristeza incontrolable, no tenía ganas de vivir, y eso que me consideraba una persona alegre, feliz y que disfrutaba de todo lo lindo de la vida; y a lo feo, duro y malo, trataba de no darle importancia.

Lo más doloroso, creo que lo experimenté desde que me casé y formé mi hogar a los 22 años de vida. Y al mismo tiempo, lo más maravilloso; porque de esa unión nacieron mis dos hijos, que son una de las más grandes bendiciones que Dios me ha dado.

Les haré un breve relato de mi vida matrimonial y no es que vea sólo lo negativo, es lo que me tocó vivir y ahora comprendo que mucho de lo que puedo decir, está en nuestra mente, de lo que ya hemos experimentado tanto nosotros mismos, nuestros padres, antepasados o cuidadores; porque es lo que hemos visto y nuestra mente lo interpretó como que era normal.

Ahora, puedo decir que creemos que el sufrimiento es normal, y no importa de la manera que nos haya tocado.

En mi vida de pareja, viví conflictos muy dolorosos y crueles. Desde que éramos enamorados, experimenté situaciones difíciles. Pero, nuestra ignorancia e inmadurez, no nos permite ver mas allá o creemos ingenuamente que las situaciones o personas van a cambiar y que nuestro "amor" hacia esa persona le va hacer que cambie. Y, qué lejos de la verdad estamos.

Desde los 20 días de casada, me golpearon con cachetadas, jalones de pelo, tirones y empujones para que cayera al piso.

Nunca fui golpeada por mi padre, él era una persona muy educada, y era de dialogar. Mi padre, era mi mejor amigo, a quién le contaba mis cosas. Me daba consejos desde el lado de la paz, buscando la solución.
Puedo decir, que mi esposo era lo opuesto, porque realmente no tengo que negar lo que experimenté, con un hombre machista que imponía lo que él decía y quería.

Viví los tres primeros años golpeada, insultada, maltratada a nivel emocional, física y económicamente. Llegué a tenerle terror al hombre que supuestamente me amaba.

Según lo que entendía y comprendía del amor, yo también lo amaba. Mi padre me decía que lo idolatraba, y que era una sombra de él, que ya no era nada de la mujer que él había criado.

Es así, que estuve por 29 años en una relación muy tóxica; después comprendí que los dos estábamos tóxicos por todo lo que habíamos vivido desde nuestras infancias, y por lo que vamos heredando como maldiciones generacionales o programas mentales que traemos e inconscientemente los vamos repitiendo.

En esa relación, experimenté todo lo que en un matrimonio sano no se debe experimentar: falta de respeto, mala o casi nada de buena comunicación, insultos, malos tratos, infidelidades, indiferencias, ironías, nada de palabras o gestos de afecto; y si alguna vez los hubo, fueron esporádicos.

En otras palabras, de mi parte, saqué todas las máscaras que como humana tenía; primero, con muchos miedos e inseguridades, siento que mendigué amor y daba todo lo mejor. Lo hacía, porque no quería que mi matrimonio y hogar se destruyeran, hacía todo por esa persona para que estuviera bien y no hubiera conflictos, y por supuesto, pensando en mis hijos. Porque no quería que ellos pasaran por lo que pasé en mi infancia, de vivir en diferentes casas y familias.

En otras ocasiones, mi instinto de supervivencia en ese matrimonio, me hacía actuar de manera errada, porque lo que quería era defenderme a como dé lugar, no mirando ninguna consecuencia. Llegué a sentir que estaba muerta en vida. Lo irónico, es que pensaba que tenía a Dios en mi vida.

Recuerdo que de todas las maneras le hablaba a mi esposo, cuando de a poco le fui perdiendo el miedo. Fui a pedir ayuda a sacerdotes, pastores, psicólogos, libros de autoayuda, amigos cristianos y de mucha confianza para que nos ayudaran.
Le hablaba a él, para ir a terapias; realmente no sabía qué hacer.

En una oportunidad, me arrodillé llorando, y le dije a Dios: *"Ya no sé qué hacer, acepto vivir así hasta que me toque, pero te pido que me ayudes a soportar y a llevar esta cruz. Si Jesús sufrió por nosotros, ¿por qué no he de sufrir yo? Pero, te pido que no permitas que mi corazón se dañe".*

Y es así, como se enfermó mi cuerpo de muchas dolencias, anduve de especialista en especialista; toda esa energía que siempre tuve activa, de hacer reuniones familiares y de amistades, viajando por donde podía, se había ido.

Mi padre, me había dejado algo de dinero cuando murió, y tenía guardado algo de cuando era soltera. Los primeros años de matrimonio, trabajé en una entidad bancaria; y con ese trabajo apoyé a mi esposo cuando se fue a especializar en otro país. En otras palabras, trataba de ocultar mis heridas emocionales y dolores profundos, con cosas de afuera. Me convertí en una compradora compulsiva. También tomaba dinero a escondidas a mi esposo, como forma de desquitarme por sus maltratos e infidelidades.

Después de andar de médico en médico, y en vista de que no tenía ninguna enfermedad específica; tuve que ir hasta donde los curanderos, porque mi desesperación era tal, que no dormía.

Entré en un cuadro de insomnio, me sentía horrible, venían pensamientos negativos, de madrugada me despertaba llorando y, la verdad estaba como perdida y desconcertada.

Pedía ayuda a mi esposo, pero me decía que lo dejara dormir. Me gritaba que estaba loca.

Por mis pensamientos, pasaban ideas raras, fui creyendo lo que me decía. Hasta cierto punto, somos lo que otros nos hacen creer que somos, si lo aceptamos.

Después de esta dura lucha, y habiendo pedido ayuda a un neurólogo, este me recetó por un año, pastillas para dormir y para la ansiedad.

Hasta que colapsé, entre en un cuadro depresivo insostenible, con un esposo destructivo, sentía que estaba viviendo las mismas emociones que experimenté en los primeros años de matrimonio, siendo que los golpes fueron solo por 3 años, pero lo emocional seguía cada día.

No comía, pasaba el día tirada en la cama llorando; definitivamente, no podía controlar nada en mí, pero sentía que quería salir corriendo de donde estaba, y que esa vida ya no era para mí. Pero no sabía cómo salir.

Gracias a Dios, habíamos comprado una casa en otra ciudad hacía poco tiempo, y fue en ese lugar donde me refugié para tener un encuentro con el Espíritu Santo de Dios.

Arrastrada, y suplicando e implorando a Dios por mi vida, me entregué totalmente a Él. Y, es así como mi Padre Eterno comenzó hacer sus milagros. Estoy agradecida eternamente.

Cuando pedí ayuda, hasta a la persona más cercana me la negó, o no pudo hacer nada; pero, ahí estuvo la mano de mi amado Jesús, mi Salvador, para rescatarme del mundo oscuro en el que estaba, para liberarme del pecado, para darme paz y claridad mental, y restaurar mi corazón herido y lastimado; para sanarme de raíz.
Mi Padre Eterno, sabía lo que había creado, y para qué me tenía aquí en este plano terrenal.

¿Qué es sanar de raíz desde Dios?
Es entregarme totalmente para que Él me moldee a su imagen y semejanza, y estando aquí en la tierra, sea la hija que él quiere que sea. Yo, feliz de ser quien realmente quiero ser y tengo que ser.

Quiero dejar claro que, estoy muy consciente de que sigo siendo imperfecta, porque el Único perfecto es Dios y su Hijo Jesús, pero cada día quiero y busco la excelencia con la ayuda del Espíritu Santo que mora en mí.

En este duro proceso, fui entendiendo y comprendiendo muchas cosas que desde la mente humana era imposible comprender. No niego que fue duro, por las pruebas que pasé y tuve que enfrentar, pero prendida del poder de Dios, todo es posible.

Esto es sólo una pequeña síntesis de mi experiencia, porque no doy toda la responsabilidad a esa persona que no me acompañó de la mejor manera en mi vida matrimonial; sé que, en un matrimonio, son por ambas partes, las que tienen que hacer cambios radicales para sanar.

Tengo que reconocer que, en este proceso, comencé a conocerme, y descubrí mis debilidades, también mis fortalezas, que cada día -con el poder de Dios- se siguen reforzando, y lo negativo, lo voy soltando y dejando de lado.

Estar sana desde la raíz con Dios, es haber hecho un compromiso con mi Padre Eterno, y conmigo misma. Para madurar como ser humano, haciendo lo que me corresponde, y así mi PADRE, seguirá haciendo su obra en mí, hasta que llegue el momento de llevarme al paraíso celestial o estando todavía aquí en la tierra, estar lista y preparada para su regreso.

"Tú has hecho que mi corazón rebose de alegría, alegría mayor que la que tienen los que disfrutan de trigo y vino en abundancia".
SALMO 4:7.

Carlos CHAVez FerNAndez (MEXico)

Tras un complicado embarazo de 6 meses, y después de que los médicos nos hubieran dicho varias veces que lo habíamos perdido. Emmanuel, llegó la noche del 7 de diciembre del 2008. Tras la repentina ruptura del saco amniótico, tuvimos que viajar 60 kilómetros para llegar al hospital, para que hicieran una cesárea y pudiera dar sus primeros respiros un pequeño de apenas 1.2 kilos, de 38 centímetros de largo.

Durante todo el período de embarazo de 28 semanas, las oraciones nunca faltaron, pidiendo por el pequeño regalo que nos había dado Nuestro Señor, para Lupita, mis otros dos hijos y, para mí.

Familia, amigos y muchos hermanos que no conocíamos se unieron al unísono pidiéndole a Dios que nos permitiera recibir a nuestro tercer hijo y poder abrazarlo.

Días complicados, noches duras, horas llenas de esperanza. Sabíamos que Dios estaba con nosotros, y le pedíamos que nos dejara a Emmanuel con nosotros.

Casi dos semanas después de su nacimiento, llegábamos al colegio de mis otros hijos, para el festejo de la navidad, y recibimos la llamada del pediatra que recibió a Emmanuel, y nos dijo que fuéramos al hospital lo antes posible, ya que probablemente serían las últimas horas de Emmanuel.

El corazón se nos arrugó. Diego, con sus enormes ojos y su gran madurez de 5 años, le pidió a su maestra de kínder, que si creía en Dios hiciera una oración por su hermano.

Carlos, de 7 años, no sabía cómo manejar su tristeza, y supo que era el momento de orar también. Ellos, solo querían proteger a su hermano, con sus grandes corazones.

Le pedimos a nuestro querido Padre Prisci, sacerdote cercano a nuestra familia, que nos acompañara al cunero para hacer oración, y pedirle a Dios, que el Espíritu Santo descendiera sobre nuestro amado hijo.

Todos los que estábamos en la sala de terapia intensiva sentíamos que Dios estaba presente. A partir de ese día, Emmanuel avanzó en su recuperación. Las cadenas de oración no cesaron desde el embarazo hasta que salió del hospital.

Tras 40 días de terapia intensiva, y otros 5 en el cunero; Emmanuel, llegó a nuestro hogar. Era un pequeño muñeco que cabía apenas en mis manos. Hoy, está a punto de cumplir 11 años, es un niño sano, libre, amoroso, completo, entregado e inteligente; y sabe que está caminando por la vida para encontrar la misión que Dios le ha conferido.

Doy gracias a Dios por la gran bendición de ser padre de tres magníficos hijos; y esposo de una mujer maravillosa: Lupita.

Hoy puedo decir que, Emmanuel, está con nosotros. **¡Dios, está con nosotros!**

Kenneth Leiva
(Costa Rica)

Me tocó trabajar desde los 12 años de edad. Sabía lo que era el trabajo duro, tratando de llevar sustento a la familia. Más, desde esa edad, Dios me mostró su mensaje.

En sueños, comprendía entre miedo y asombro que algo ocurría. **Miedo**, porque no sabía sobre el llamado o su Palabra. **Asombro**, porque lo que miraba en los sueños era maravilloso. Más en mi niñez, un grave accidente cambió mi vida, sobreviví por el milagro y la promesa que Dios tenía en mí.

Un puente sin baranda, y yo en el vacío, salvado por su mano. Al transcurrir del tiempo que pasa veloz. Mi Señor, una y otra vez me llamaba. Me veía y me cuidaba. Sueños. Servir. Afrontar. Más no me entregaba. Fui presa del mundo y sus placeres. Fui presa de la angustia, deseo, envidia, ira, decepción y ambición.

Pero Dios nunca soltó mi mano.

Más un día en la habitación de mi casa, un sueño nuevo invadió mi ser, ese sueño me hizo cambiar, reflexionar y vivir nuevamente.

Me miré estando en la cima de una montaña. Y mirando al valle que se formaba, podía ver a miles de personas, a las cuales un ángel grito: ¡*"Dios está llamando a su iglesia"*!

De pronto, un rayo de luz tocaba a una persona y se la llevaba al cielo; otro rayo venía, y se llevaba a otra. Pero, había personas que no eran llevadas.

Miré al cielo, y una joya hermosa que poseía muchos colores: celeste, verde, azul, blanco, cientos; estaba sobre mí. Escuché Su Voz, y con amor me dijo que ya era hora que viniera a donde él. Mas, al intentar hacerlo no podía. Unas garras negras me tenían atado y no podía zafarme.

Al mirar bien, comprendí que no eran las garras las que me tenían a mí, era yo quien las sujetaba. Vi como con una mano sujetaba las garras, y con la otra les ayudaba a muchas personas a subir al cielo. Pude ver a más personas como realizando lo mismo. Mas aún, no quería irme, y en lo único que pensaba era en ayudar a más y más personas.

Desperté abrumado, con miedo, asustado, pero con una idea en mi ser: Entregarme a Dios.

Comencé nuevamente mi pasión por escribir y leer. La Biblia, se a vuelto parte de mi vida, y el amar a Dios, mi único deseo.

Este soy, un hombre simple que de niño trabajó porque su necesidad así lo requería, y que de adulto lo sigue realizando, más ya no solo.

Después de mi conversión, en una página de red social, recibí la invitación a otro grupo virtual, y sin darme cuenta, Dios seguía marcando mi camino, al conocer a Julio y a su hermosa obra de Bendiciones. Dando aún más motivos para continuar.

Hoy, seguimos a aquel que con Su gracia y misericordia nos ayuda.

EL AYUNO
por Graciela Espinoza

En el Reino de Dios, los parámetros del mundo no funcionan. Una vez convertidos y reconocidos como sus hijos, tenemos que tener la mente de Cristo en nosotros pues, linaje suyo somos. Dentro de los propósitos de nuestro Padre, está el formar un carácter que nos lleve al desarrollo de una madurez espiritual sólida, para mantenernos firmes en la fe del Evangelio.

La vida no es fácil, y hay decisiones difíciles de tomar, aún más cuando nos enfrentamos a situaciones desventajosas. Hay momentos en que pasamos días dolorosos, pruebas duras, y es cuando debemos acercarnos más a Dios.

El Padre, quiere que le conozcamos más profunda y personalmente, lo que solo puede ser posible a través de la oración, el ayuno, la adoración, y la meditación de su Palabra.

Cuando logramos está intimidad y le entregamos todas nuestras cargas, descansaremos y nos gozaremos en su Presencia.

Oración y Ayuno, una combinación que produce uno de los acontecimientos más poderosos espiritualmente hablando pues, trae una entrega a nuestro Señor, menguando nuestra naturaleza humana y haciendo crecer al Espíritu Santo de Dios en nuestra vida, dándonos sanidad, libertad y restauración.

Las razones para ayunar, son principalmente para mejorar nuestra conexión espiritual con Dios, para sujetar a la carne, y aprender a dominarnos, para sensibilizarnos al Espíritu Santo; para perfeccionarnos en Cristo, para fortalecernos, para mayor efectividad de nuestras oraciones, para dejarnos moldear en las manos del Señor, y abrirnos a sus bendiciones.

El ayuno, es un arma de fortaleza espiritual, la cual nos reviste de la armadura de Dios para enfrentarnos con mayor madurez a las dificultades de este mundo (**Efesios 6:10**). Nos quebranta y conecta con nuestro creador, alimentándonos con su voluntad, para que siempre prevalezca sobre la nuestra. **El ayuno**, predispone nuestros sentidos espirituales para ser más sensibles a Dios.

Existen varios tipos de ayuno:

- *Ayuno para tiempos difíciles.* **Ester 4 y 7.**

- *Ayuno para pedir revelación.* **Daniel 10.**

- *Ayuno para examinar nuestra vida.* **Levítico 23:27.**

- *Ayuno para liberación.* **Daniel 6:18-22.**

- *Ayuno para sanidad.* **Samuel 30:11-12.**

- *Ayuno para guía espiritual.* **Éxodo 29:18; 34:28.**

El ayuno, es muy necesario en la vida del cristiano pues, hay espíritus y situaciones que solo salen con ayuno y oración.

Pero este género no sale sino
con oración y ayuno.
Mateo 17:21.

Además de que, es un acto de humillación de nuestra carne debilitada dependiendo solo de Dios, llenándonos de su unción por medio del mismo.

Ayunar, es abstenerse de ingerir alimentos en totalidad o parcialmente, igual se puede abstener de ciertas actividades; y su objetivo, es alcanzar un propósito determinado y se le destina cierto tiempo en el cual se adora, se ora, se medita la Palabra.
Resultando una respuesta única y favorable para nuestra vida.

Pero tú, cuando ayunes, perfúmate la cabeza y lávate la cara para que no sea evidente ante los demás que estás ayunando, sino sólo ante tu Padre, que está en lo secreto; y tu Padre, que ve lo que se hace en secreto, te recompensará.
Mateo 6:17-18

Así que ayunamos y oramos a nuestro Dios pidiéndole su protección, y él nos escuchó.
Esdras 8:23

Cuando ayunen, no pongan cara triste como hacen los hipócritas, que demudan sus rostros para mostrar que están ayunando. Les aseguro que éstos ya han obtenido toda su recompensa.
Mateo 6:16

¿Cómo se hace el ayuno?

Ayuno Parcial: Eliminación solo de ciertos alimentos. Se come de forma sencilla y sin placer. Por lo general, solo algunas frutas y verduras.

Ayuno total: No se ingiere nada de alimentos ni agua, hasta que se termine el tiempo pactado.

Ayuno de medio día: Regularmente, se hace entre 6 y 12 horas.

Ayuno extendido: Se hace de 24 horas en adelante, según el tiempo que se haya pactado.

Ayuno de placeres: Se abstiene del uso de medios de comunicación y todo tipo de entretenimiento, según lo que se haya pactado.

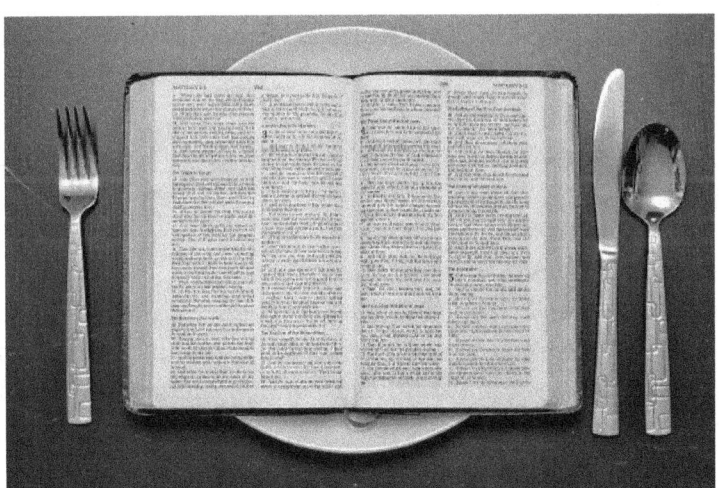

DEPRESION

Muchas personas se acostumbran a vivir así, con depresión, fobias y tristeza. Convirtiéndose en personas con demasiada ansiedad, trayendo todo tipo de malestar y de malas conductas, estando de mal humor con ellos mismos y el entorno.

He conocido a muchos que maldicen todo a causa de esto. Pero, ¿Por qué no bendecir? Hay gente que cuestiona cuando una persona bendice a otra, pero cuando alguien maldice a otro o a una situación, nadie dice nada.

¡Ojo con esto! Porque las maldiciones se trasmiten de generación en generación. Si has maldecido, pide perdón ante Dios a través de la oración, mostrando arrepentimiento sincero, Dios obrará en ti para restauración.

La ausencia de Dios, produce todas estas cosas, la culpa no es de Él, sino nuestra.

¿Estamos cerca de Dios? ¿Lo ponemos en primer lugar en nuestras vidas? ¿Lo amamos sobre todas las cosas?

Debes de empezar a trabajar en ello, si no sabes cómo empezar, pide sabiduría para lograrlo en oración, al Espíritu Santo.

En una relación afianzada con Dios, no existe ninguno de estos problemas. Recuerda que, al estar con Dios, la Sangre de Cristo te renueva. Lo más probable, es que, si sufres algunos de estos inconvenientes, estés lleno de medicamentos; si es así, no los dejes, porque estás llevando una rutina. Pero, enfócate más en Dios y mejorarás rotundamente; el mismo doctor te sacará tu medicación.

No hay mejor medicina que Dios en todos los aspectos de tu vida. Pero sin fe, esto no es posible. Y al tener ausencia de Dios, tampoco tendrás fe. Todo esto se construye a diario, entregándonos en comunión con Cristo, viviendo de una vez por todas en plenitud.

Por eso se dice que Cristo es vida, no dejes que el mal se adueñe de ti y te haga alejar de la fuente de todo.

El camino para una mejor vida, siempre es el mismo, acompañados con nuestro Creador.

LINAJE

¿Cómo sabemos, si el Espíritu Santo mora en nosotros? ¿Cómo lo reconocemos? La principal característica, es cuando pecamos, ya no es como antes, porque vamos a cometer errores, pero no serán con tanta frecuencia, y habrá una pelea espiritual y mundana en nuestro interior. Porque, cuando vayamos a pecar, sentiremos que no debemos hacerlo, y es probable que nos arrepintamos antes de cometer el error.

Esta es la principal característica, has vuelto a nacer, y al afianzar más la relación con Cristo, más seguido pasarás por esto hasta encontrar una estabilidad más amena.

¿Qué pasaba antes, cuando no teníamos esa relación con Dios?
Pecábamos sin culpa, y hasta no nos dábamos cuenta. Esa es la diferencia, estamos llenos del Espíritu Santo, y Jesús mismo es el que te bautiza y vuelves a nacer para Dios.

¡Bienvenido al linaje de la Familia de Cristo! Ahora, eres heredero del reino, como hijo de Dios.

"EL SANA LOS QUEBRANTADOS DE CORAZÓN, Y VENDA SUS HERIDAS"
Salmos 147:3.

La Sangre de Cristo correrá por tus venas, fortaleciéndote física, mental y espiritualmente, produciendo una sanación en tu cuerpo que te restaurará por completo.

La preciosa Sangre de Cristo, nos provee de todo lo que necesitamos para acercarnos más a Dios, ya que por ella recibimos el perdón de los pecados.

Esto es simple, si tienes una relación con Dios, tienes en ti la Sangre de Jesús. Gracias a ella, se produce el proceso de reconciliación con Nuestro Padre Celestial.

Sin la Sangre de Cristo, nadie puede tener una relación con Dios, porque Nuestro Padre es Santo, y nuestro pecado nos impide llegar a la Gloria de Dios.

Por medio de Su Sangre, recibimos el perdón de nuestros pecados, siendo lavados completa y continuamente.

"BEBED DE ELLA TODOS, PORQUE ESTO ES MI SANGRE DEL NUEVO PACTO, QUE POR MUCHOS ES DERRAMADA PARA REMISIÓN (PERDÓN) DE LOS PECADOS"
Mateo 26:27-28.

"CON GOZO DANDO GRACIAS AL PADRE QUE NOS HIZO APTOS PARA PARTICIPAR DE LA HERENCIA DE LOS SANTOS EN LUZ, EL CUAL NOS HA LIBRADO DE LA POTESTAD DE LAS TINIEBLAS, Y TRASLADADO AL REINO DE SU AMADO HIJO, EN QUIEN TENEMOS REDENCIÓN POR SU SANGRE, EL PERDÓN DE PECADOS". Colosenses 1:13-14

"PERO SI ANDAMOS EN LUZ, COMO ÉL ESTÁ EN LUZ, TENEMOS COMUNIÓN UNOS CON OTROS, Y LA SANGRE

DE JESUCRISTO SU HIJO NOS LIMPIA DE TODO PECADO" Juan 1:7.

Dios lo ofreció como un sacrificio de expiación[a] que se recibe por la fe en su sangre, para así demostrar su justicia. Anteriormente, en su paciencia, Dios había pasado por alto los pecados.
Romanos 3:25.

Y ahora que hemos sido justificados por su sangre, ¡con cuánta más razón, por medio de él, seremos salvados del castigo de Dios!
Romanos 5:9.

Pero ahora en Cristo Jesús, a ustedes que antes estaban lejos, Dios los ha acercado mediante la sangre de Cristo.
Efesios 2:13.

La Sangre de Cristo, nos libera de todo mal, siendo justificados e inocentes ante Dios. Pasando así a ser parte de la Familia Real, colocándonos dentro de ella, haciéndonos linaje escogido para disfrutar de sus bendiciones y para que lo sirvamos a Él por toda la eternidad.

Para eso se nace nuevamente, para poder adquirir la ciudadanía de los cielos. Y esto se logra aceptando a Dios sinceramente con nuestro corazón como Nuestro Salvador, comenzando la comunión y relación con Dios, construyéndola al igual que la fe: día tras día.

IDOLATRia

Dios mira nuestros corazones, nuestra fe y amor hacia Él y hacia nuestro prójimo. Tampoco es importante la maestría o capacidades, o culto que uno pueda tener, no hace diferencia para el agrado de Dios.

El tema de la idolatría, tiene varias interpretaciones, pero si nos enfocamos en el amor a Dios, eso lo que importa, todo se basa en eso.

Este tema, también trae muchas opiniones diferentes de acuerdo a algunos versículos de La Biblia. A Dios no le agrada que adoremos a otros dioses, porque el único Dios sobre la Tierra y el Cielo es Él.

Las imágenes que los católicos puedan tener en sus hogares, si las tienen en forma representativa, y no las adoran, no es pecado contra Nuestro Dios.

Las imágenes o esculturas, pueden servir a algunas personas más que a otras para acercarse a Dios. Pero, debemos tener en cuenta que esto es una representación y nada más, porque nuestra relación con Dios es espiritual.

Al único que se adora es a Dios a través de la oración y adoración, con nuestros pensamientos, rezos y cánticos.

Dios, es omnipresente y puede estar en todos lados y se manifiesta cuando se lo invoca, eso es muy importante saberlo.

La virgen María, fue un ser humano como nosotros, y ella, al igual que los Santos, no son omnipresentes. Murió igual que todos, no resucitó como Jesús. Esto es un ejemplo para que se entienda mejor. Estoy uniendo todas las explicaciones, y me baso en los versículos de La Biblia, como también en estudios realizados. Esto no significa que sea una doctrina o que sigan lo que les estoy comentando; solo estoy trasmitiendo desde mi experiencia y conocimiento.

Toda opinión siempre debe de ser respetada, y no se debe poner al otro como enemigo porque piensa distinto. Lo que vale, es lo que sienta cada uno en su corazón y en su relación con Dios; eso es personal y diferente.

Se dice que la virgen María puede interceder por nosotros al igual que los Santos, porque ellos están con Dios en estos momentos. Y Dios, al ser omnipresente, y al tenerlos a ellos a su alrededor, pueden interceder. No por tener otras facultades o ser como Nuestro Padre. Esta es la diferencia aquí, y mi interpretación y la de muchos.

Y Dios, que examina los corazones, sabe cuál es la intención del Espíritu, porque el Espíritu intercede por los creyentes conforme a la voluntad de Dios.
Romanos 8:27.

Otro ejemplo conflictivo, es la Navidad. Festejas la navidad, porque la utilizas para recordar el nacimiento de Jesús, pero no haces idolatría al árbol navideño u otros objetos. Si es así, lo puedes hacer, lo que importa es la representación y lo que sientas en tu corazón ese día.

Se dice también que, la navidad es una fiesta pagana, esto pasa por el significado que tú le das al festejo, sin importar influencias que te hagan cambiar de parecer; porque el sentimiento es lo que evaluamos y consideramos.

También, se dice que no es la fecha correcta, y lo más probable es que así sea. Todo es representativo, recuerda que "el enemigo" es muy astuto y te hará dudar de Dios en todo momento, inculcándote ideas ajenas a tu corazón.

Si estás a gusto de pedirle a un Santo o a la Virgen lo puedes hacer, pero con la interpretación que va a interceder por ti. No que la Virgen va a solucionarte los problemas, porque el único que los soluciona, bendice y puede hacer y deshacer en todo momento, es Dios.

Adorar imágenes o esculturas no, utilizarlas como representación no es pecado. Adorarlas sí; esa es la diferencia.

La duda se crea por este pasaje bíblico:

"PORQUE HAY UN SOLO DIOS, Y TAMBIÉN UN SOLO MEDIADOR ENTRE DIOS Y LOS HOMBRES, CRISTO JESÚS HOMBRE".
1° Timoteo 2:5.

La primera interpretación, nos diría que no cabe duda de que solo Jesús es el mediador entre Dios y los hombres. Pero, la realidad es que no la contradice. Si al rezar o al orar utilizas un Santo o a la Virgen María como mediadora, pero no dejas de pensar que Dios es el que realiza la acción y el que orquesta todo; bajo esa interpretación no está mal para mí.

Ahora, si lo utilizas como que te van a solucionar el problema ellos, pidas lo que pidas está mal.

Maestro hay uno solo, y es únicamente Dios. Es mejor orar directamente a Dios, utilizando a su único mediador: Jesús.

Las diferentes opiniones sobre este tema son muy confusas, pero para mí, esta es la más acertada de todas ellas.

Solo se puede entender con sentimiento y con la relación personal con Dios. Mi consejo, es oración directa a través de Jesús a Dios. No utilizar otros que intercedan por nosotros, aunque puedan hacerlo, no son mediadores directos con Nuestro Padre.

Este tema ha traído -a través de la historia- muchos conflictos, peleas, divisiones, etc.

El juicio viene del ego, de juzgar a otros, porque no piensan o actúan como nosotros, y los consideramos enemigos.

Es solo una visión diferente. Nadie es superior a nadie. Solo Dios lo es, y con el amor de Dios, junto a Él, ya eres vencedor, y nadie podrá contra ti.

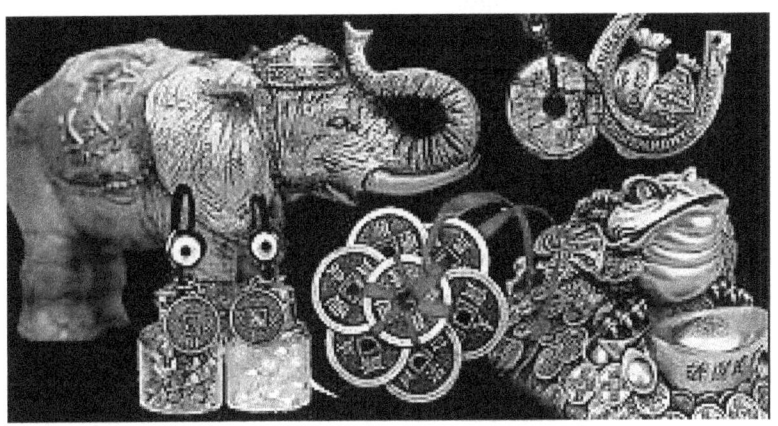

ADICCIONES

Las adicciones, son otro problema que nos aleja de Dios, la sensación de perderse en la misma droga como única salida, es menospreciar la Salvación y el Amor que Dios ha promulgado por el mundo entero para que no caigamos en las garras de la oscuridad.

Hay muchas adicciones, y de todo tipo, no solo son las drogas. Adicción a la comida, a las compras, al internet, pornografía, y muchas más que nos producen dependencia, como si no pudiéramos vivir sin ellas.

¿Por qué no producimos un cambio positivo en nuestras vidas y nos hacemos adictos a Dios? ¿Por qué no?
Si aún no posees la relación con Nuestro Padre, es difícil de poder comprenderlo, pero cuando empiezas a experimentarlo, ves cómo te acerca más a lo bueno. Porque donde hay bondad y bienestar, está Dios. Y, donde hay ausencia de Dios, reina el mal.

La elección es nuestra, pasa por nosotros elegir lo bueno o lo malo. Dios, nos dio esa libertad para que no fuéramos robots. Él quiere creyentes sinceros con un corazón real, sin invitación, nunca llegará a tu vida.
Él es caballeroso y prudente, debes abrirle tu corazón, y mejorará tu ser y vida, porque te ama.

La voluntad que te falta para dejar las adicciones, te la otorgará Dios, pero te aviso, tienes que poner de ti. Comprometer tu amor, acercamiento y compromiso diario en oración y adoración al Padre.
Las alabanzas son ideales para estos casos, te aseguro que no te cansarás de escucharlas, y cuanto más lo hagas, te ayudarán en este proceso de restauración.

MATRIMONIO

El matrimonio, es un compromiso que empieza desde el momento que pactamos en el altar ante Dios.

Antes de realizar este juramento, debemos estar seguros de poder cumplir con este desafío de amor y entendimiento mutuo en la pareja, y conservar y continuar con el entusiasmo del primer día hasta el último de su unión, con fidelidad y respeto.

El amor, es de a dos, y los dos deben de complementarse en todo y aprender a la par, hasta consagrar la familia y envejecer con felicidad, dándole lugar a Dios en sus vidas para que todo continúe en armonía con la Gracia de Dios.

Cuando surgen los problemas en el matrimonio, hay que luchar por él, y no contra él. Recordar porqué nos unimos, y que fue para toda la vida.

Es un pacto y hay que respetarlo. Guiando sus corazones con la Palabra de Dios en sus vidas, como protector de su relación y constructor de la misma contra toda adversidad.

El propósito del matrimonio, es continuar la raza humana. Es una misión que hay que cumplir, compartiendo mismos destinos y anhelos para evitar conflictos. Ambos deben de aceptar a Dios en sus corazones como el Creador de todo, y también como el que orquesta dicha relación. Caso contrario, aparecerá una vida sin logros, con dolor y frustrada. Dios es el que provee el equilibrio de todo, produciendo grandes beneficios en la pareja, y continuidad. Dando protección, liberación y relajación; tomándolo todo con calma, porque estaremos guiados por el Maestro.

Nuestro destino estará en sus manos, la garantía de un triunfo matrimonial con el apoyo divino.

Es más fácil si dejas a cargo a Dios, para todo es igual. Él es el que planea y organiza nuestro destino.

Dios aborrece el divorcio, y al llegar a esto, se produce una maldición que se traspasa a tu próxima generación.

Así como se trasmiten las bendiciones, se trasmiten las maldiciones. Como la bendición tiene su causa, la maldición también la tiene.

La causa de la bendición, es la obediencia a Dios (temor a Dios).

La causa de la maldición, es la desobediencia a Dios (el pecado).

La única forma de romper con la maldición, es entregarse a Dios por completo y con arrepentimiento.

El divorcio es pecado, y el rechazar a tu pareja, para iniciar otra relación, se considera adulterio.

Esto no le agrada a Dios; la única y mejor opción, es seguir Su Palabra y pedir perdón.

"LO QUE DIOS JUNTÓ, NO LO SEPARE EL HOMBRE"
Mateo 19:6.

EL LLAMADO

EL LLAMADO DE DIOS

El llamado, es lo más sagrado que un ser humano puede tener, porque proviene de Dios.

Es el recordatorio que te hace para que te enfoques en tu propósito de vida.

Cuando se produce el llamado, no tenemos idea de cuál es nuestro objetivo en la vida. Porque eso te será revelado cuando te acerques a Dios desde tu interior, y desde el corazón. Por eso se habla de entrega y, esto es lo que a Dios le agrada, que nos entreguemos a Él más allá de todo, sin saber aún, todo lo que nos tiene destinado para nosotros. Esto es fe, creer, sentir Su Presencia, cuando comenzamos la relación espiritual.

Hay una forma de que seas feliz, aunque creas que es imposible. Cuando entiendas que la felicidad viene de Dios y que está contigo, lo que pase a tu alrededor no será más destacado que Él.

Empezarás a descubrir tu propósito, y esto es una bendición, todos tenemos esta oportunidad hoy, pero no llegamos hasta el final, porque nos quedamos en el camino priorizando los problemas, necesidades, y relaciones amorosas, antes que a Dios.

¡Teniendo a Dios, tienes todo lo demás!

Pero, empezamos al revés, y de esta forma, nos desviamos y alejamos del Creador. Atrayendo más caos a nuestras vidas.

Dios, te llamará varias veces durante tu vida, y mi deseo es que prestes atención, y te enfoques.

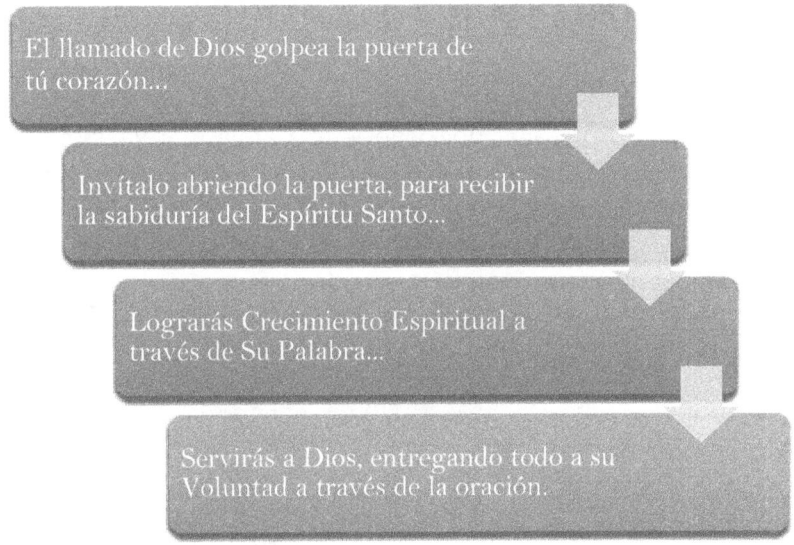

RESULTADO:

Ahora lo sabrás, lo sentirás en todo tu ser, y empezarás a vivir una nueva vida de gozo y alegría, que solo Dios puede brindar.

Entendimiento de Dios, es todo lo que necesitamos.

Gracias a todos por permitirme ser un instrumento, dándome un lugar, tiempo e interés mutuo para acercarse a Dios, compartiendo mi experiencia con ustedes para que puedan lograrlo, y llegar a su propósito de vida, para obtener recompensa.

Ese amor que Dios nos traerá con amigos, relaciones y la familia espiritual; abundancia y restauración mental y física, en niveles ascendentes hasta llegar a lo más alto. Nuestro regalo, nuestro cielo, es nuestro Dios.

¡Bendiciones!

SOPORTE EMOCIONAL Y CONSULTAS ACERCA DEL CONTENIDO, LAS 24 HS.

Si te sientes triste, deprimido, solo, con ganas de que te escuchen, podes comunicarte con nosotros de por vida para apoyo emocional. Con gusto, te ayudaremos en este proceso, para que seas vencedor en todas las áreas de tu vida.

Envía un e-mail con tu primer nombre y país, para conocerte. Te enviaremos un enlace para que ingreses a nuestro grupo de **Bendiciones Diarias**, donde podrás interactuar con otras personas, y también 1-1 con cualquiera de los administradores **(Kenneth de Costa Rica, Graciela de México y Julio de Argentina)**

Estamos para ayudarte, **¡Dios está contigo!**

E-mail: bendicionesmundo@gmail.com

Deseo de todo corazón que acepten el llamado y mensaje de Dios, para que comprendan y encaminen sus vidas con el perdón y la restauración.

Nuestro Padre es perfecto, al igual que sus tiempos, y su forma de actuar y manifestarse, es siempre maravillosa y justa.

El único que puede juzgar es Dios, conoce verdaderamente lo que es bueno y lo malo, es el Rey de los justos e implantará justicia, esa que hoy en día es muy necesaria.

Todo será con la autoridad de su nombre, y para la Gloria de Dios Padre.

Julio Balbino

www.instagram.com/bendicionesmundo
www.facebook.com/bendicionesmundo
WhatsApp: +54 9 11 41495176
youtube.com/bendicionesmundo

Proximamente

www.ingramcontent.com/pod-product-compliance
Lightning Source LLC
Chambersburg PA
CBHW032057150426
43194CB00006B/555